漢詩
중국 한시 감상

김인호 지음

신아사

머리말

이 저서는 중국 한시(漢詩)를 전혀 모르는 일반 대학생들을 대상으로 하는 교양교재로 제작되었다. 예전에 필자는《중국 漢詩의 이해 -〈歸〉의 문학-》이란 저서를 신아사에서 출판한 적이 있었다. 그 저서를 모본으로 하여 중복 인용된 시 작품들을 제거하고 또한 다시 수정하고 보완하며 또 다시 편집하여 일반 대학생들을 위한 교양교재에 맞게 만든 것이다. 필자가 재직하고 있는 학교가 교육부의 프라임사업에 선정되어, 그 사업의 일환으로 대학 1학년생들의 기초교양 강화를 목적으로 교양교재 집필이 계획되었는데, 필자가 그 프로젝트에 선정되어 이 교양교재를 집필하게 된 것이다.

이 교양교재를 집필하면서 요즘 일반 대학생들이 한자에 익숙지 않다는 가정 아래 가능하면 한자 사용을 줄이려고 노력하였다. 그러나 이 저서 자체가 중국 한시에 대한 내용이어서 불가피하게 한자를 써야 하는 경우가 많은데, 그런 경우에도 '한시(漢詩)'처럼 한글과 한자를 붙여 써 한자의 독음을 달아 읽기 쉽게 하였다. 또한 인터넷과 카톡 등에 익숙한 요즘 젊은이들은 본능적으로 한자에 대한 거부감을 가지고 있다고 여겨져, 한시 원문에도 모두 한글 독음을 달아 한자에 익숙지 않은 요즘 젊은 세대들을 배려하려고 노력하였다.

필자는 이 책을 통해 일반 대학생들이 중국 한시에 대한 맛을 느끼고 또한 그 한시에 대한 이해의 폭을 조금이라도 넓혔으면 한다. 이미 G2로 올라선 중국은 이제 우리에게 너무나 중요한 나라가 되었다. 우리가 중국을 알고 이해하는 것은 이제 선택이 아니라 필수인 시대에 살고 있는 것이다. 그들 중국인들이 근 2,000년 동안 그렇게 즐기고 생활하여 온 한시를 이해하는 것은 중국인들의 기본 정서를 아는 지름길이라 생각한다. 지금도 중국인들과 고급스럽게 교제할 때는 알고 있는 한시 몇 수를 서로 읊으며 주고받는 경우가 적지 않다. 5언시와 7언시로 대표되는 중국의 한시는 그런 의미에서 우리 학생들이 하나의 교양물로 혹은 중국인들의 기본 정서를 이해하는 하나의 수단으로 알아둘 필요가 있는 것이다. 마지막으로 또 다시 이렇게 아름답게 책으로 꾸며주신 신아사 편집진에게 감사드린다.

2017. 2. 28.

부산 대원재에서 저자가

중국 漢詩 감상

목 차

한시 그 주제

한시 그 소재

漢詩

중국 한시 감상

한시 그 주제

1. 〈규방시閨房詩〉〈규원시閨怨詩〉

규방시 규원시란 여인네의 입장에서, 여러 가지 사회적 조건에 의해서 님과 멀리 떨어져 있을 때, 그 님에 대한 그리움이나 님과 같이 있지 못하다는 데서 오는 비애감을 읊조린 작품으로, 그 작품 내용 속에 깊게 깔려있는 정서는 다시 그 그리운 님이 자기에게로 돌아와(歸) 옛날의 그 행복했던 시절(原型)로 돌아가고(歸) 싶은 것이다. 이백(710-762)의 〈자야오가子夜[1]吳家〉 제 3수를 읽어보자.

장안에 한조각 달이 떴는데,
모든 집에 옷 두드리는 소리로다.
가을바람은 불어 다하지 않으니,
모두 변방인 옥문관(玉門關)의 정이로다.
어느 날 오랑캐들을 평정하여,
님은 먼 곳에서의 정벌을 마칠까?

長安一片月　장안일편월
萬戶擣衣[2]聲　만호도의성

1) 곡 이름
2) 다듬이질

秋風吹不盡　추풍추부진
總是玉關[3]情　총시옥관정
何日平胡虜　하일평호로
良人[4]罷遠征　양인파원정

오랑캐들을 정벌하러 먼 변방으로 떠난 님이 돌아오기(歸)를 바라는 여인네의 심정이 잘 묘사되어 있다. 오랑캐를 평정하고 다시 님이 돌아와(歸) 그 옛날처럼 다시 정을 나누며 살던 아름다운 시절(원형)로 돌아가고픈(歸) 것이다. 이백의 규원시로 〈춘사春思〉를 읽어보자.

연(燕)나라의 풀이 파란 실과 같고
진(秦)나라 뽕나무 푸른 가지 낮게 드리웠네.
그대 돌아갈까 생각하는 날
그 때가 첩이 애끊는 때이지요.
봄바람은 나를 알지도 못하면서
무슨 일로 비단 휘장 안으로 불어오는지.

燕草如碧絲　연초여벽사
秦桑低綠枝[5]　진상저녹지
當君懷歸日　당군회귀일
是妾斷腸時　시첩단장시
春風不相識　춘풍불상식
何事入羅幃　하사입라위

님을 떠나보내기(去) 싫은 여인네의 감정이 잘 묘사되어 있다. 이백

3) 玉門關
4) 남편을 말함
5) 푸른 가지를 낮게 드리우다. 秦 지방은 따뜻하기 때문에 뽕나무 잎이 빨리 자라서 가지를 푸르게 늘어져 있는 것을 나타낸다.

은 분명 남성임에도 불구하고 여인네의 입장에서 이런 규원시를 짓고 있다. 왕창령王昌齡(692?-757)의 〈규원閨怨〉이란 시를 읽어보자.

규방의 젊은 아낙 근심이 무엇인지 도무지 모르고서
봄날 한껏 단장하고 비취색 누각에 올랐다가
문득 밭둔덕의 버드나무 색 새로워진 걸 보고서
제 낭군 벼슬길 떠나보낸 것 후회하네.

閨中少婦不知愁　규중소부부지수
春日凝裝[6]上翠樓　춘일응장상취루
忽見陌頭柳色新　홀견맥두유색신
悔教夫婿[7]覓封侯[8]　회교부서멱봉후

천지간에 생기가 도는 봄날에 아낙이 함께 할 남편을 벼슬길 떠나보낸(去) 것을 후회하고 있다. 남편과 함께(合) 있고 싶지, 떠나보내고(去) 싶지 않으며 또한 떠나보냈다 하더라도 그를 되돌아오게(歸) 하고 싶은 것이다. 이백의 〈옥계원玉階怨[9]〉이란 시를 읽어보자.

옥섬돌에 흰 이슬 내려
밤이 깊어지자 비단 버선 젖어든다.
방에 돌아와 수정 발을 내리고서
영롱한 가을 달을 바라다본다.

---

6) 세심하게 차려 입은 옷

7) 남편

8) 벼슬자리를 찾다.

9) 옥계란 대궐 안이나 부귀한 집의 섬돌을 뜻함. 玉階怨이란 옥계에 서서 님을 기다리는 여인의 슬픈 원망

玉階生白露　　옥계생백로
夜久侵羅襪[10]　　야구침나말
却下水晶簾　　각하수정렴
玲瓏望秋月　　영롱망추월

이 시는 궁원시 또는 규원시로 부르는 것으로, 사랑하는 님이 없는 가운데 혼자 외롭게 지내는 여인을 노래하고 있다. 여인의 표정이나 모습 등을 전혀 묘사하지 않고 젖은 비단버선, 수정 발, 가을 달 등을 써서 여인네의 정서를 표현하고 있다. 홀로 있는 여인의 이런 고즈넉한 애수란 님과 함께(合) 있지 못하고 그 님이 자기에게 돌아오지(歸) 못한데서 근원적으로 유래된 것이라 하겠다.

중국인들도 님이나 부부간의 사랑의 정을 나눌 때가 있었을 텐데 그때는 시로 읊지 않고, 항상 이렇게 헤어진(去) 후에 다시 돌아오게(歸) 하고 싶다거나 함께 하고 싶다고 읊었으며, 또한 함께 하지 못한데서 오는 비애감(哀)과 그리움(思) 그리고 회상(懷) 등을 읊고 있는 것이다. 이는 중국인들이 순환 회귀적(歸) 사고를 하는 농경민족이었기 때문이라 여겨진다.

2. 〈행역시行役詩〉

행역시란 규원시 규방시와 반대로 남정네의 입장에서, 여러 가지 사회적 조건에 의하여 님과 멀리 떨어져 있을 때, 그 님에 대한 그리움이나 님과 같이 있지 못하다는데서 오는 비애감을 읊조린 작품으로, 그

10) 비단 버선

작품 속에 깊게 깔려있는 정서는 그리운 님에게로 돌아가(歸), 그 옛날 정을 함께 나누던 시절(原型)로 돌아가고(歸) 싶은 것이다. 이상은李商隱(813-858)의 〈야우기북夜雨寄北〉이란 시를 읽어보자.

그대 돌아갈 날을 물으니 아직 기약은 없고,
파산에서의 밤비에 가을 연못만 붇는구나.
언제 함께 서쪽 창에서 등촉을 자르며,
다시 파산의 밤비 내린 때를 이야기하리오.

君問歸期未有期　군문귀기미유기
巴山[11]夜雨漲秋池　파산야우장추지
何當[12]共翦西窓燭　하당공전서창촉
卻話[13]巴山夜雨時　극하파산야우시

이 시는 서울에서 멀리 떨어진 사천성 파산(巴山) 산꼭대기에서 가을 밤 늦게까지 내리는 빗소리에 귀를 기울이며, 이제는 다시 서울로 돌아갈(歸) 수 없다는데서 오는 쓸쓸한 심정을 읊조리고 있는데, 이 시에서는 다시 서울로 돌아가(歸) 님을 만나 옛날같이 정을 나누고 싶다는 심정이 전과 결에 내포되어져 있다. 나그네 생활(巴山에서의 생활)을 접고 다시 서울로 돌아가(歸) 옛날처럼 아내와의 행복한 시절(原型)로 돌아가고(歸) 싶은 것이다. 두보(712-770)의 〈월야月夜〉란 행역시를 읽어보자.

오늘 밤 부주(鄜州)의 달을
규방에서 단지 홀로 보겠구나.

11) 사천성의 산들. 사천성 南江縣 북쪽에 大巴山 小巴山이 있다.

12) 언제쯤일까?

13) 새삼스레 옛날 일을 회상하며 이야기를 나누다.

멀리서 어린애들을 가련히 여기나니
장안 그리는 마음 이해하지 못하겠지.
향기로운 안개에 구름머리 젖고
맑은 달빛에 옥 같은 팔이 차가우리.
어느 때 휘장에 기대어
둘이서 달빛 받아 눈물 말리리.

今夜鄜州[14]月　금야부주월
閨中只獨看　규중지독간
遙憐小兒女　요린소아녀
未解憶長安　미해억장안
香霧雲鬟濕　향무운환습
淸輝玉臂寒　청휘옥비한
何時倚虛幌　하시의허황
雙照淚痕乾　쌍조루흔건

안록산 반군에 의해 장안에 억류되었던 시인 두보가 부주(鄜州)에 두고 온 부인을 생각하며 쓴 시로 부인에 대한 간절한 정을 잘 나타나 있다. 그 부인이 있는 부주로 다시 돌아가(歸) 옛날처럼 오손도손 살던 시절(원형)로 돌아가고픈(歸) 것이다. 왕창령王昌齡의 〈종군행從軍行〉 7수 중 그 첫 수를 읽어보자.

봉화성(烽火城) 서쪽의 백 척 수루
황혼녘 홀로 앉아 있노라니 호수 바람은 가을이다.
더욱이 오랑캐 피리 소리가 〈관산월(關山月)〉을 부니
만 리 밖 규방을 향한 근심을 어쩔 수가 없구나.

---

14) 지금의 섬서성 鄜縣에 있는 고을 이름

烽火城[15]西百尺樓　봉화성서백척루
黃昏獨坐海[16]風秋　황혼독좌해풍추
更吹羌笛關山月[17]　경취강적관산월
無那金閨萬里愁　무나금규만리수

전형적인 행역시이다. 변방에서 황혼녘에 오랑캐 피리로 부는 〈관산월〉을 들으니 고향으로 돌아가고픈(歸) 심정이 간절하다. 이 쓸쓸한 변방을 떠나 고향의 규방에 있는 아내에게로 돌아가(歸) 오손도손 살던 옛 시절(원형)로 돌아가고픈(歸) 것이다. 또 다른 왕창령王昌齡의 〈종군행從軍行〉 한 수를 읽어보자.

푸른 바다 긴 구름에 눈 덮인 산 어둑한데,
외로운 성에서 멀리 옥문관(玉門關)을 바라본다.
누런 모래 수많은 싸움에 갑옷이 뚫어져도
누란(樓蘭) 땅을 쳐부수지 못하면 끝내 돌아가지 않으리!

青海長雲暗雪山　청해장운암설산
孤城遙望玉門關[18]　고성요망옥문관
黃沙百戰穿金甲　황사백전천금갑
不破樓蘭[19]終不還　불파누란종부환

변방의 외로운 성에서 중국으로 들어가는 관문인 옥문관(玉門關)을

15) 봉화대가 설치된 변경의 성. 당나라 때에는 30리 간격으로 설치되었음.

16) 青海湖를 가리킴.

17) 악부 橫吹曲辭의 하나로 대부분 원정 간 병사들의 고독과 이별의 정을 노래함.

18) 중국 甘肅省 安西州에 있는 관문으로, 漢나라 때 이곳을 지나야 서역으로 갈 수 있었다.

19) 서쪽 오랑캐 땅

바라보며, 누란(樓蘭) 땅에 있는 오랑캐들을 쳐부수지 않으면 고향에 돌아가지 않겠다고 결의를 다지는 작품이다. 그러나 그 속을 자세히 들어다보면 반드시 기필코 오랑캐를 물리치고 고향으로 돌아가겠다(歸) 혹은 고향의 님에게로 돌아가겠다(歸)는 의미가 깊게 담겨있다 하겠다.

중국인 그들에게도 분명 부부간에 느끼는 사랑의 즐거움이 있었을 텐데, 왜 그 때에는 사랑의 기쁨을 노래한 시를 별로 짓지 않고, 이처럼 부부가 서로 멀리 떨어진 후에야 비로소 과거를 회상하며 서로 정을 나누며 살던 그 행복한 시절(원형)로 돌아가고(歸) 싶다고 읊고 있는 것일까? 이는 농경문화 민족인 중국인들의 모호한 원형 회귀적 심성 때문이 아닌가 한다.

3. 〈님 그리는 시〉

한시에는 님을 그리는(思) 시가 많다. 그 님이 임금이든 남편이든 아내이든 기녀이든지 간에 상관없이, 그를 그리워하며 그가 돌아오기(歸)를 그리고 그와 〈더불어 하나〉 되기를 바라며 읊은 시가 굉장히 많은 것이다. 규원시 행역시 역시 크게 보아 님 그리는 시의 일종이라 할 수 있다. 왕창령王昌齡의 〈조래곡朝來曲〉 한 수를 읽어보자.

해질녘 흰 마노 구슬 소리 울리고
꽃이 연이어 핀 화려한 집은 봄이 한창이구나.
용이 서린 옥 경대를 바라보며
눈썹 그려 주실 님만 기다리고 있다.

日昃鳴珈[20]動 일측명가동
花連繡戶春 화련수호춘
盤龍玉臺鏡 반용옥대경
惟待畵眉人 유대화미인

이 화창한 봄날에 모든 만물이 짝을 짓고 약동하는데, 자신만은 님이 없어 이에 눈썹 그려 주실 님을 기다린다(待)고 했다. 님에 대한 그리움(思)을 읊은 것으로, 님이 돌아와(歸) 옛날처럼 자신을 사랑해주기를 바라는 것이다. 또 노조린盧照隣(634-695?)의 〈곡지하曲池[21]河〉란 작품을 읽어보자.

바람을 타고 번져오는 연꽃 향기 연못가에 맴돌고
연잎 그림자 연못을 뒤덮었네.
그러나 어이 하랴 가을바람 선뜩 불면
시들어 바람에 흩날리도 님은 모르실 것을.

浮香[22]繞曲岸 부향요곡안
圓影[23]覆華池 원영복췌지
常恐秋風早 상공추풍조
飄零[24]君不知 표령군부지

이 작품은 노조린이 장안성 동남쪽에 있는 곡강지(曲江池)에서 연꽃

20) 흰 마노. 여기에서는 흰 마노를 장식한 말의 굴레나 구슬장식을 말한다.

21) 장안 동남쪽에 있는 曲江池. 연못 가운데 蓮을 가득 심어 풍광이 아름다운 곳으로 시인 묵객들이 이를 소재로 시를 많이 지었다.

22) 바람을 타고 번져오는 향기

23) 연잎이 드리우는 그림자

24) 시들어 바람에 펄펄 흩날리다.

을 바라보면서 읊은 시로, 그 내용은 가을이 되어 연꽃이 시들어 버려 님이 알아주지 못할 것을 걱정하고 있다. 님의 마음이 나를 떠나지(去) 않기를, 그리고 님의 마음이 항상 자신에게로 돌아오기(歸)를 바라는 심정이 작품 내용 속에 은은히 들어있다 하겠다. 두보의 〈월야억사제月夜憶舍弟〉란 시는 달밤에 고향 아우를 생각하며(憶) 읊은 작품이다.

수자리 북소리에 사람 발길 끊어지고
변방의 가을에는 한 마리 기러기 소리.
이슬이 오늘 밤부터 희게 변하고
달은 고향에서도 밝으리라.
아우들이 있으나 모두 뿔뿔이 흩어지고
생사를 물어볼 집조차도 없네.
편지를 보내도 오래토록 전해지지 못하는 터
하물며 아직 전쟁이 끝나지 않았음에랴!

戍鼓斷人行[25] 수고단인행
邊秋一雁聲 변추일안성
露從今夜白[26] 노종금야백
月是故鄕明 월시고향명
有弟皆分散 유제개분산
無家問死生 무가문사생
寄書長不達 기서장부달
況乃未休兵 황내미휴병

시인은 타향에서 백로절(白露節)을 맞아 향수에 젖고, 또한 전란 중

25) '戍鼓'는 戍樓의 북. 변방 수자리하는 곳에서는 야간에 북을 울려 사람의 통행을 금지시켰다.

26) 白露節이 되었음을 뜻함.

에 뿔뿔이 흩어진 아우들을 걱정하며 생각하고(憶) 있다. 이 작품 속에는 아우들과 함께 살았던 과거시절로 돌아가고(歸) 싶은 심정이 깊게 배어있다. 장구령張九齡(678-740)의 〈망월회원望月懷遠〉란 시를 읽어보자.

바다 위에 떠오른 밝은 달
하늘 저 끝까지 고루 비추리라.
사랑하는 사람들 서로 멀리 있는 이 밤을 원망하며
밤새 님 그리운 생각에 잠 못 이뤄 하리라.
촛불 끄고 방안에 가득한 달빛 아끼다가
저고리 걸치고 뜰에 내려서니 촉촉하게 이슬에 젖는구나.
손으로 가득 떠서 보내드릴 수 없는 터에
다시 잠자리에 들어 님 만나는 꿈이나 꾸어 보리라.

海上生明月	해상생명월
天涯共此時	천애공차시
情人怨遙夜	정인원요야
竟夕[27]起相思	경석기상사
滅燭憐光滿	멸촉린광만
披衣覺露滋	피의각노자
不堪盈手贈	불감영수증
還寢夢佳期	환침몽가기

이 시는 장구령이 당 현종이 양귀비에 빠져 국사를 소홀히 하는 것을 반대하다가, 개원(開元) 25년(737년) 형주장사(荊州長史)로 좌천되었을 때, 어느 날 달밤에 당 현종(情人)을 그리워하며 읊은 시라고 한다. 좌천당해 자신을 내친 당 현종(情人)을 다시 만나기 어려우니 꿈에서

27) 밤새

나마 다시 만나 〈더불어 하나〉되고 싶다고 하고 있다. 정인에 대한 그리움(思, 懷)을 주제로 한 이 시는 당 현종과 함께 국사를 논하던 옛날의 좋은 시절로 돌아가고(歸) 싶다는 심정이 작품 내용 속에 짙게 깔려 있다. 이 시는 중국의 한시에 많이 보이는 시어인 월(月), 야(夜), 정(情), 원(怨), 사(思)가 등장해 남정네에 대한 여인네의 애틋한 사모의 정을 그리고 있다.

여인네가 자신을 내친 남정네를 그리워하는 듯이 읊은 이런 주제의 규방시 규원시, 님 그리는 시, 기녀시 등등이 중국의 남성 시인들에 의해 유가문화권 아래에서 이렇게 쉽게 지어질 수 있었던 것은, 이들 시를 신하(자신)가 임금을 그리워하는 시로 왜곡 해석하기도 했고, 또한 실제로 어떤 경우에는 그런 의도에서 이렇게 비유하여 읊었기 때문이라고 할 수 있다.

한시에는 이처럼 만나고 합치고 함께 하기를 원하는 작품들이 굉장히 많다. 이는 농경문화의 특징이 그대로 반영된 것으로 보여 지는데, 그들 농경민족들은 항상 고향에서 가족과 일가친척들이 함께 모여 농사를 지으며 살아가는 것을 가장 이상적인 삶으로 여겼기 때문이다. 농사꾼이 고향(鄕)을 떠나(去) 흩어지고 헤어지는(去) 것이란 바로 chaos(불완전한) 상태에 빠지는 것으로 여겼기 때문에, 그들은 그런 변방생활, 나그네 생활에서의 고독과 비애를 읊조리고 또한 항상 그런 삶을 청산하고 다시 고향으로, 님에게로, 남편에게로, 아내에게로, 친구에게로 돌아가(歸) 옛날처럼(원형) 살고 싶다고 읊는 것이다. 그러나 양떼와 말떼를 몰고 정처없이 떠돌아다니는(去) 유목민족들이 지은 시에는 유랑생활에서의 즐거움과 호기심을 그린 작품 그리고 프론티어 정신이 강하게 내보이는 개척시, 여행시, 항해시 등이 존재한다.

4. 〈사우시思友詩〉

사우시는 님을 그리는 시와 그 주제가 유사한 것으로, 단지 차이가 있다면 님 대신에 친구를 그리는 것이다. 백거이(772-846)의 〈팔월십오일야, 금중독직대월억원구八月十五日夜, 禁中[28]獨直[29]對月憶元九[30]〉라는 시를 읽어보자.

금은으로 된 누대와 궁궐에 저녁은 깊어 가는데,
홀로 한림원에서 잠들며 그리워하는 도다.
보름날 밤에 달빛은 새로운데,
이천 리 밖의 친구의 마음이로다.
저궁(渚宮) 동쪽에는 안개 파도 차갑겠지.
욕전(浴殿) 서쪽 끝의 종루(鐘漏)는 깊어만 가는구나.
오히려 청광(淸光)을 함께 보지 못함이 두려울 뿐인데,
강릉(江陵)은 습기가 차 이 가을 음산하다는데.

銀臺金闕夕沈沈　은대금궐석침침
獨宿相思在翰林　독숙상사재한림
三五夜中新月色　삼오야중신월색
二千里外故人心　이천리외고인심
渚宮[31]東面煙波冷　저궁동면연파냉
浴殿[32]西頭鐘漏[33]深　욕전서두종루심

28) 궁중

29) 홀로 숙직함.

30) 元稹 '九'는 항렬임. 이 때 원진은 환관의 미움을 사 호북 땅 江陵으로 좌천되었음.

31) 춘추시대 楚王의 궁전으로 그 터가 江陵에 있었음.

32) 한림원 동쪽에 있는 궁궐 이름.

33) 시각을 알리는 종과 물시계.

猶恐淸光不同見　　유공청광부동견
江陵卑濕是秋陰　　강릉비습시추음

백거이는 당시 한림학사였었는데, 같은 한림학사인 그의 친구 원진이 강릉(江陵)으로 좌천되었다. 이 시는 홀로 한림원에서 잠들면서 강릉으로 좌천된 원진을 생각하며 읊은 작품이다. 원진이 다시 한림원으로 돌아와(歸) 옛날처럼 함께 일하며 우정을 나누던 시절(原型)로 돌아갔으면(歸) 하는 심정이 은은히 깔려있다. 또 친구를 그리는 시로 위응물(737-791)의 〈추야기구원외秋夜寄邱員外[34]〉란 시를 읽어보자.

그대 생각하다 가을밤을 만나니,
산보하며 서늘한 하늘에 읊조렸다네.
텅 빈 산에 솔방울 떨어지는데,
그대는 응당 (아직) 잠들지 않았으리라.

懷君屬[35]秋夜　　회군촉추야
散步詠凉天　　산보영량천
空山松子落　　공산송자락
幽人[36]應未眠　　유인응미면

기와 승에서는 친구를 생각하는 작가의 마음이 깨끗하게 묘사되어 있다. 위응물이 임평산(臨平山)에 은거한 친구 구단(邱丹)을 그리워하여 지은 시라고 하는데, 작품 속에 그 친구와 다시 만나 그 옛날 돈독한

34) 邱員外는 이름이 丹, 蘇州 嘉興人으로 尙書郎을 역임하고 나중에 臨平山에 은거하였다 함.

35) '適'의 의미로 '마침 … 이다.'라는 뜻

36) 幽閒한 사람으로 邱員外를 가리킴.

우정을 나누었던 아름다운 시절(원형)로 돌아가고픈(歸) 심정이 은은히 깔려있다 하겠다. 두보의 〈춘일억이백春日憶李白〉이란 시는 시선 이백을 흠모하고 기리며 읊은 시이다. 친구를 그리워하는 정서로 이 시를 읊고 있다.

이백은 시가 무적
표연하여 그 생각 무리들과 다르다.
청신함은 유신(庾信)이요
준일(俊逸)함은 포조(鮑照)로다.
위수(渭水) 북쪽에는 봄 하늘의 나무
강동(江東)에는 해질 무렵의 구름
어느 때나 한 동이의 술로
또 다시 함께 자세히 글을 논할까?

白也詩無敵　　백야시무적
飄然[37]思不群　　표연사불군
淸新庾開府　　청신유개부
俊逸鮑參軍　　준일포참군
渭北[38]春天樹　　위북춘천수
江東[39]日暮雲　　강동일모운
何時一樽酒　　하시일준주
重與細論文　　중여세논문

시인이 봄날 장안에서 강동(江東)에 있는 이백을 생각하며 지은 시

37) 凡俗을 초탈하여 飄逸한 모습.

38) 위수 북쪽. 시인이 있던 장안 일대를 가리킴.

39) 장강의 동남쪽인 강소 절강성 일대를 가리키는 것으로, 여기서는 당시 이백이 있었던 곳을 뜻함.

로, 이백을 그리워하고(思) 그의 시를 높이 평가하는 마음이 잘 담겨져 있다. 이백과 만나 한 동이 술을 마시며 서로 시재(詩才)를 논하던 시절로 돌아가고픈(歸) 것이다. 또 친구를 그리는 시로 두보의 〈기전초산중도사寄全椒山中道士〉를 읽어보자.

오늘 아침에 고을 관사도 썰렁하니,
갑자기 산 속의 친구 생각나네.
개울 아래에서 땔나무 묶다가
돌아와 흰 돌을 삶았다.
멀리서 한 잔의 술을 들어
멀리 비바람 부는 저녁을 위로한다.
낙엽이 텅 빈 산에 가득 차니
어디에서 (그의) 행적을 찾으리.

今朝郡齋冷　금조군재냉
忽念山中客　홀념산중객
澗底束荊薪　간저속형신
歸來煮白石　귀래자백석
遙持一杯酒　요지일배주
遠慰風雨夕　원위풍우석
落葉滿空山　낙엽만공산
何處尋行迹　하처심행적

이 작품은 두보가 늦가을 저녁 관사도 썰렁하여 갑자기 산 속의 친구와 술 한 잔이 생각나지만 그가 어디에 있는지 몰라 할 수 없이 전초(全椒)에 있는 산중도사에게 부치려고 읊은 시이다. 산 속에 은거해 사는 친구를 그리며(思) 그와 만나 술 한 잔 나누고 싶은 심정을 읊고 있다.

한시에 이렇게 마음에 맞는 지기를 그리워하고, 또한 그와 〈더불어 하나〉되어 술을 마시며 즐기는 것을 좋아하며, 멀리서 친구가 찾아오면 항상 잘 대접하는 접빈객(接賓客)의 미덕을 읊은 작품이 많은 것은 인간관계를 중시하고 인륜도덕을 중시하는 유가문화와 깊은 관련이 있는 것이 아닌가 한다. 지금도 중국인들이 사업이나 일에 앞서 무엇보다 먼저 인간적인 관계를 중시하며, 붕우(朋友) 노붕우(老朋友)[40]라여 먼저 친구가 되어야 한다고 하는 것은 옛부터 이렇게 자신의 마음에 맞는 친구를 중시하는 이런 문화 때문인지도 모르겠다.

친구를 초청하는 내용으로 된 왕안석의 〈초양덕봉招楊德逢[41]〉이란 시를 읽어보자.

산림에서 늙어 가며 번잡한 일에 싫증 나,
홀로 누워 구름 보다가 그대가 생각난다.
구름조차 무심히 바위틈에서 나오거늘,
그대가 구름보다 게으르지는 않으렷다.

山林投老[42]倦紛紛	산림투로권분분
獨臥看雲却憶君	독와간운각억군
雲尙無心能出岫	운상무심능출수
不應君更懶於雲	부응군갱나어운

금릉 성안에 거주하는 친구 양덕봉을 초청하는 내용이다. 구름이 산속에서 피어난 모습으로부터 시상을 전개해 친구가 찾아와 주지 않

40) 친구, 오래된 친구라는 뜻임.

41) 왕안석이 은거한 후의 친구. 별호는 湖陰先生이다.

42) 늙어가다, 노년이 되다.

는 게으름을 꾸짖는 구상이 재미있다. 이처럼 한시에는 친구와 만나기를 원하는 시도 적지 않다. 항상 만나서 술을 같이 마시며 자연을 즐기며 어울리고 싶지, 헤어져 각자가 되고 싶지 않은 것이다. 이는 고향에서 온 일가친척들이 함께 어울려 모여 사는 것을 가장 이상적인 삶으로 여겼던 농경민족 중국인들의 심성이 반영되어 나타난 것이 아닌가 한다. 또한 한시에는 친구나 스승의 인품이나 덕을 칭송한 인물시 내지는 칭송시라 부를 만한 시도 적지 않게 있다. 그 중의 하나로 황정견黃庭堅(1045-1105)이 그의 스승 소동파의 초탈한 인격과 도연명의 대한 심취를 산문같은 형식으로 솔직히 읊은 〈발자첨화도시跋子瞻和陶詩〉를 한번 읽어보자.

자첨(소동파)이 해남으로 귀양 가니
이때의 재상은 그분을 죽이려하네
해주 땅의 밥을 배부르게 자시고,
도연명의 시를 가늘게 읊조리신다.
도연명의 천년에 한번 날 인물이라면
소동파는 백세에 한번 날 선비로다.
살아온 방법은 같지 않다지만,
기풍은 서로 비슷하네.

子瞻[43]謫海南　　자첨적해남
時宰[44]欲殺之　　시재욕살지
飽喫[45]惠州飯　　포끽혜주반
細和[46]淵明詩　　세화연명시

43) 소식의 자
44) 그때의 재상, 왕안석과 신파에 속하는 王珪 蔡確 등을 가리킨다.
45) 배부르게 먹다.
46) 가늘게 읊으며 화답하는 것.

彭澤[47]千載人　팽택천재인
東坡百世士[48]　동파백세사
出處[49]雖不同　출처수부동
氣味[50]乃相似　기미내상사

황정견은 귀양 간 그의 스승 소동파를 칭송하고 있는 것이다. 한시에는 이처럼 인물 칭송시도 적지 않다. 이는 인륜과 도덕 그리고 인품 등을 중시하는 옛 중국인의 사고방식과도 관련이 있는 것이 아닌가 한다. 타지에서 친구 만나는 것을 기뻐한 시도 있다. 두보의 〈강남봉이구년江南逢李龜年[51]〉이란 시를 읽어보자.

기왕(岐王)의 저택에서 항상 만났고
최구(崔九)의 집 앞에서 몇 번인가 (그의 노래를) 들었던가?
마침 강남의 좋은 풍경
꽃 지는 시절에 또 그대 만났네.

岐王[52]宅裡尋相[53]見　기왕택리심상견
崔九[54]堂前幾度聞　최구당전기도문

47) 팽택령을 지낸 도연명을 가리킨다.

48) 백세 한번 나올 인물이라는 뜻, 1世는 30년을 가리킨다.

49) 벼슬하는 것과 거처하는 것. 여기서는 세상을 살아가는 방법.

50) 기풍, 인물의 風趣.

51) 당나라의 저명한 음악가로 노래를 잘하였다. 開元 天寶 년간에 자못 이름이 나서 玄宗에게 높은 대우를 받았다. 安史의 난 이후 강남을 떠돌아 다녔는데, 좋은 때와 경치를 만날 때 마다 그가 노래를 불러주면 좌중에서 눈물을 흘리고 술자리를 벌이곤 했다 한다.

52) 李隆範. 睿宗의 아들이자 玄宗의 아우로 문학을 좋아하고 문인들과의 교류를 즐겼다 한다.

53) 항상 언제나

54) 현종의 총애를 받던 崔滌으로 자주 궁궐에 출입하였다.

正是江南好風景　　정시강남호풍경
落花時節又逢君　　낙화시절우봉군

강남에서 이구년(李龜年)을 만난 기쁨을 노래하고 있다. 이처럼 농경민족 중국인 그들은 항상 만나고 합치고 싶지 헤어지고 떨어지고 싶지 않은 것이다.

5. 〈별리시別離詩〉〈송별시送別詩〉〈증별시贈別詩〉〈유별시留別詩〉

별리시란 님이든지 친구이든지 간에 그를 떠나보내기(去) 싫어하는 쓸쓸한 심정을 읊조린 시이다. 이는 현 상태를 그냥 유지하고 싶다는 심정이 짙게 깔려있는데, 님이나 친구와 〈더불어 하나〉되고 싶지, 헤어져 서로 각각이 되고 싶지는 않다는 것이다. 서구시에도 이와 같이 이별을 애닯아 하는 시가 없지는 않지만, 한시에는 서구시에 비해 이 같은 이별의 아픔을 주제로 한 시가 훨씬 많다. 떠나가 버린다(去)는 것은 항상 슬픈 것이다. 이백의 〈송우인送友人〉 한 수를 읽어보자.

청산에 북쪽 성곽이 가로 놓여있고,
흰 물은 동쪽 성을 돌아 흐른다.
이 땅에서 한번 이별하게 되면,
외로운 쑥 덤불 난 만 리나 떨어진 정벌지로다.
뜬 구름은 나그네의 뜻이요,
지는 해는 옛 사람의 정이로다.
손을 흔들며 이곳을 떠나려하니,
쓸쓸히 말까지도 울부짖는구나.

青山橫北郭　청산횡북곽
白水遶東城　백수요동성
此地一爲別　차지일위별
孤蓬[55]萬里征　고봉만리정
浮雲[56]遊子意　부운유자의
落日[57]故人情　낙일고인정
揮手自玆去　휘수자자거
蕭蕭班馬[58]鳴　숙숙반마명

먼 정벌지로 떠나가는 친구를 배웅하면서 읊은 작품으로, 이 시에는 떠나보낸다(去)는 것은 항상 슬픈 것, 떠나보지 않는 현 상태를 그대로 유지하고픈 심정이 들어있다. 심지어 그를 떠나보냈다(去) 할지라도 또 다시 돌아오게(歸) 하고 싶은 것이다. 또 온정균溫庭筠(812-870?)의 〈과분수령過分水嶺[59]〉이란 헤어짐(去)의 아쉬움을 잘 묘사한 시를 읽어보자.

시냇물 무정한 것 제가 정이 있음인가?
산 중에서 사흘을 나와 동행하였다네.
고개 마루는 우리가 헤어지는 곳
이별을 아쉬워하는가 밤새도록 졸졸 소리를 내네.

淸溪無情似有情　청계무정사유정

55) 원래는 바람에 날려 이리저리 뒹구는 뿌리 뽑힌 다북쑥을 뜻하나, 여기서는 홀로 먼 길을 떠나갈 친구를 비유하고 있음.
56) 나그네의 마음과 생활이 정처 없음을 비유한 것.
57) 떠나가는 이를 만류할 스 없는 시인의 아쉬운 마음을 비유한 것임.
58) 대열로부터 이탈한 말로 여기서는 홀로 떠나가는 나그네를 비유하고 있음.
59) 물줄기가 갈라지는 고개 마루. 여기서는 지명.

入山三日得同行　입산삼일득동행
嶺頭便是分頭處　영두변시분두처
惜別潺湲[60]一夜聲　석별잔계일야성

3일 동안 시냇물과 동행하여 길을 갔는데, 마침내 그 시냇물과 고갯마루에서 헤어지게 되는 아쉬움을 읊은 시이다. 쓸쓸한 나그넷길의 동무가 되었던 그 시냇물과 헤어지기(去) 싫은 감정을 의인화시켜 잘 묘사하고 있다. 또 상건常建(?-?)의 〈송우문육送宇文六[61]〉이란 시를 읽어보자.

꽃은 수양버들을 비추고 한수(漢水)는 맑은데,
미풍이 수풀 속에서 여린 가지 가볍게 흔드는구나.
지금 강북은 여전히 이와 같은데,
강남으로의 이별 정으로 깊은 시름 잠긴다.

花映垂楊漢水[62]清　화영수양한수청
微風林裏一枝輕　미품임리일지경
卽今江北還如此　즉금강북환여차
愁殺[63]江南離別情　수살강남이별정

이 시는 성당시대 상건이란 시인이 화창한 봄날에 우문육(宇文六)을 강남으로 떠나보내는(去) 이별의 아쉬움을 깊은 시름으로 읊은 작품이다. 친구를 떠나보내기(去) 싫은 것이다. 왕발王勃(650-676)의 〈별인別人〉

60) 물이 졸졸 흐르는 모양
61) '宇文'은 성, '六'은 항렬. 그 이상은 알려져 있지 않음.
62) 호북성을 흘러 장강에 합류하는 큰 강
63) 깊은 시름에 잠김.

이란 시를 읽어보자.

서리꽃 하늘 끝에 맑고
안개는 강에 자욱하다.
나그네라 항상 사람을 두려워하면서
어찌하여 그리 오래 머물러 있는가?

霜華[64]淨天末　상화정천말
霧色籠江際　무색용강제
客子常畏人　객자상외인
胡爲久留滯　호위구류체

친구를 전송하며 떠나가는 사람에게 다시 빨리 고향으로 돌아오기(歸)를 권하는 시이다. "어찌하여 그리 오래 머물러 있는가?" 라고 하여 나그네 생활을 빨리 청산하고 돌아오라(歸)고 하고 있는 것이다. "나그네는 항상 사람을 두려워한다."는 말이 나그네의 불안한 심리를 잘 묘사하고 있다. 즉 항상 불완전한 상태로 인식되어온 나그네 생활(去)을 청산하고 고향(원형)으로 돌아가고(歸) 싶은 것이다. 그러나 이와 반대로 한시에서 친구나 님을 전송하면서(去) 친구나 님에게 용기를 주고 격려하는 시, 혹은 떠나는 것 그것 자체를 칭송하는 시는 별로 눈에 띄지 않는다. 또 왕발王勃(650-676)의 〈송두소부지임촉주送杜少府[65]之任蜀州[66]〉란 시를 읽어보자.

64) 서리꽃
65) 소부는 縣尉의 별칭으로 두소부는 누구인지 알 수 없음.
66) 지금의 사천 崇慶의 岷江 유역으로 장안의 서남지역인 劍南道에 속하였음.

장안의 성곽 궁궐 삼진(三秦)이 지키는데
바람과 안개 속에 아득한 오진(五津).
그대와 이곳에서 지금 헤어지지만
다 같이 객지에서의 벼슬살이 아닌가!
이 세상에 마음 알아주는 이 있다면
하늘 끝이 정녕 이웃 같을 것.
이제 갈라지는 길목에 섰지만
아녀자처럼 손수건에 눈물 따위 적시지 마시게.

城闕輔三秦[67]　성궐보삼진
風煙望五津[68]　풍연망오진
與君離別意　여군이별리
同是宦游人[69]　동시환유인
海內存知己　해내존지기
天涯若比鄰[70]　천애약비린
無爲在岐路　무위재기로
兒女共沾巾　아녀공점건

이 시는 왕발이 장안에서 조산랑(朝散郎)이란 벼슬을 하고 있을 때, 촉 땅으로 부임하는 친구 두소부(杜少府)를 위해 지은 송별시(去)이다. '이제 갈라지는 길목에 섰지만, 아녀자처럼 손수건에 눈물 따위 적시지 마시게.'라고 읊은 결구에서는 헤어짐(去)에 대해 대범하고 초연한 듯하게 읊고 있으나, 실은 그 속에는 헤어지기(去) 아쉬운 감정이 짙게

---

67) 섬서성 일대 秦나라의 옛 땅을 가리킴. 項羽가 진을 멸망시키고 雍 塞 翟의 3나라로 나누어서 '三秦'이라고 함.

68) 津은 나루터란 뜻으로, 華陽國志에 당나라 때 촉 땅에 속하는 岷江의 다섯 나루터, 즉 白華津, 萬里津, 江首津, 涉頭津과 江南津을 말함.

69) 타향에서 관직을 맡은 사람

70) 가까운 이웃

깔려있다. 원진元稹(779-831)의 시 〈문낙천수강주사마聞樂天授江州司馬〉는 그의 절친한 친구 백거이가 강주(江州)로 좌천되었다는 소식을 인편에 전해 듣고 그의 좌천을 아쉬워하며 읊은 시이다.

가물거리는 등불엔 불꽃 없고 그림자만 흔들거리는데
이 밤 그대가 구강(九江)으로 귀양 간다는 소식 들었다.
다 죽어가는 병중에도 놀라 자리에서 일어나니
어둠 속에서 빗줄기 몰아치며 바람이 싸늘한 창문에 불어든다.

殘燈無焰影幢幢[71] 잔등무염영당당
此夕聞君謫九江[72] 차석문군적구강
垂死[73]病中驚坐起 수사병중경좌기
暗風吹雨入寒窗 암풍취우입한창

1구와 4구에서의 경물 묘사에서 친구(백거이)의 강주(江州) 좌천에 대한 시인 자신의 슬픈 감정이 잘 이입되어 있다. 친구의 강주로의 떠남(去)을 다 죽어가는 병중에서도 못내 아쉬워하고 있다. 떠나보내기(去) 싫은 것이다. 진자앙(661-702)의 〈춘야별우인春夜別友人〉이란 시의 첫 수를 읽어보자.

은촉이 푸른 연기를 토해내고
금 술잔에 아름다운 잔치 자리 마주하고 있네.
이별하는 마루에서 금슬(琴瑟)의 정을 생각하고
떠나보내는 길은 산천을 감돌아 펼쳐진다.

---

71) 火影이 움직이는 모양 또는 어두운 모양
72) 수나라 때는 九江郡이라 불렀지만 당나라 때는 江州라 하였음.
73) 다 죽어가다. '垂'는 '將'의 뜻임.

밝은 달은 높은 나무에 가려져 있고
은하수는 새벽하늘로 사라진다.
아득하기만 한 낙양 가는 길
이런 모임 어느 해에나 또 있을까?

銀燭吐靑煙　　은촉토청연
金樽對綺筵[74]　　금준대기정
離堂思琴瑟　　이당사금슬
別路繞山川　　별로요산천
明月隱高樹　　명월은고수
長河[75]沒曉天　　장하몰효천
悠悠洛陽道　　유유낙양도
此會在何年　　차회재하면

봄밤에 낙양으로 떠나보내는(去) 친구에 대한 애틋한 정이 깃들여 있다. 결구에서 '아득하기만 한 낙양 가는 길, 이런 모임 어느 해에나 또 있을까?'라고 하여, 시인은 그 친구가 다시 돌아와(歸) 오늘 같은 만남이 다시 있을 수 있을까 하는 의문을 표시하며 애닮아 하고 있다. 그것은 친구의 떠남(去)이 주는 비애감과 아쉬움이다. 맹호연의 〈송주대입진送朱大[76]入秦〉을 읽어보자.

떠나는 사람 (장안의) 오릉(五陵)으로 갈 재
천금의 가치 있는 보검을
헤어지는 마당에 풀어 드리니
(이는) 평생의 한 조각 마음이라네.

---

74) 훌륭한 잔치 자리

75) 은하수

76) 朱는 성, 大는 항렬이 첫 번째라는 뜻. 정확히 누구인지는 알 수 없음.

游人五陵[77]去　유인오릉거
寶劍値千金　보검치천금
分手脫相贈　분수탈상증
平生一片心　평생일편심

주대(朱大)를 진(秦) 땅으로 떠나보내며(去) 그 송별의 아쉬움을 읊은 시이다. 떠나는 주대에 대한 아쉬움으로 그는 보검을 증별의 표시로 주고 있다. '유인(游人)'과 '분수(分手)'라는 시어에서 송별시의 느낌이 와 닫는다. 한시에는 이와 반대로 떠나보내는 혹은 헤어지는 즐거움을 읊었다든가, 혹은 객지에서의 여행의 즐거움이나 호기심 혹은 이국(異國)의 향수를 읊은 시는 별로 보이지 않는다. 유장경劉長卿(709?-789?)의 송별시 〈송영철상인送靈澈上人〉은 송별하는 슬픈 감정이 절제되어 표현된 시이다.

넓고 멀어서 아득한 죽림사(竹林寺)
아득히 들려오는 저녁 종소리
삿갓 등에 메고 석양 빛 받으며
푸른 산 먼 곳으로 돌아가는구나.

蒼蒼竹林寺[78]　창창죽림사
杳杳[79]鐘聲晩　묘묘종성만
荷笠帶斜陽　하립대사양
靑山獨歸遠　청산독귀원

---

77) 장안 북쪽에 있는 漢 高祖의 長陵, 惠帝의 安陵, 景帝의 陽陵, 武帝의 茂陵, 昭帝의 平陵을 말함.

78) 강소성 鎭江縣에 있는 절 이름

79) 悠遠한 모양

이 시는 영철스님을 송별(去)하며 읊은 시지만, 대상이 승려이기 때문에 헤어지는 슬픈 감정이 아주 절제되어 표현하고 있다. 그 대신 산속의 창망한 저녁 경색을 묘사하여 속세를 떠나가는 승려에 대한 이별에서 오는 쓸쓸함을 하나의 풍경화를 그리듯 표현하고 있다. 송별시로 이백의 〈황학루송맹호연지광릉黃鶴樓[80]送孟浩然之廣陵[81]〉이란 시를 읽어보자.

님께서 황학루(黃鶴樓)를 서쪽에 남겨두고
춘삼월 꽃 핀 계절에 배타고 양주로 떠나신다.
돛단배 외로운 그림자 아스라이 사라지고
보이는 건 오로지 하늘과 맞닿아 흘러가는 강물 뿐.

故人西辭黃鶴樓　고인서사황학루
烟花三月下揚州　연화삼월하양주
孤帆遠影碧空盡　고범원영벽공진
惟見長河天際流　유견장하천제류

이 시는 이백이 무창(武昌)에 있는 황학루(黃鶴樓)에서, 배를 타고 양주(揚洲)로 가는 맹호연을 전송하며 지은 시이다. 마지막 구에서 맹호연이 탄 배가 수평선 너머로 이미 시야에서 사라져버린 뒤에도 여전히 그 쪽으로 흘러가는 강물을 바라본다고 표현한 것에는 친구를 떠나보내는(去) 시인의 아쉬움이 그만큼 짙음을 나타내고 있다. 떠나보내기(去) 싫고 그가 떠나갔다고 하더라도 언젠가는 되돌아오게(歸) 만들고

80) 옛터가 지금의 호북성 武昌顯 서쪽 黃鶴磯 위에 있음.

81) 지금의 강소성 揚州市

싶은 것이다. 이백의 〈금릉주사유별金陵[82]酒肆[83]留別〉이란 시는 송별시와는 반대로 떠나가는 사람이 남아있는 사람에게 써 준 유별시(留別詩)이다.

바람이 버들 꽃에 불어서 술집은 향기로 가득하고
오나라 여인은 술 거르며 나그네 불러 맛보라 한다.
금릉의 자제들이 와서 송별해 주니
가려다가 가지 않고 각자 잔을 다 비운다.
그대에게 묻노니 저기 동쪽으로 흐르는 장강과
이별하는 이 심정 어느 것이 더 긴가?

風吹柳花滿店香　풍취류화만점향
吳姬壓酒[84]喚客嘗　오희압주환객상
金陵子弟來相送　금릉자제래상송
欲行不行各盡觴　욕행불행각진상
請君試問東流水　청군시문동류수
別意與之誰短長　별의여자수단장

친구와 헤어지는 마당에 객주 집에서 함께 이별주를 마시면서 부른 시인데, 시인의 헤어져 가기(去) 싫은 심정이 "그대에게 묻노니 저기 동쪽으로 흐르는 장강과 이별하는 이 심정 어느 것이 더 긴가?"란 구에 절실히 나타나 있다. 다음의 시는 친구나 님과의 이별(去)을 아쉬워하거나 친구나 님을 송별(去)하며 지은 시는 아니나, 매화가 져서 그 매화와 이별하는(去) 것을 아쉬워하며 읊은 작품이다. 남송사람 육유陸游의

82) 지금의 남경시

83) 술집

84) 술을 거르다.

〈춘우春雨〉를 읽어보자.

봄날의 흐린 날씨에 비는 내리기 쉽고,
나그네로 나서서 병든 몸 추위에 견디기 어렵구나.
또 (비로 인해) 매화와 이별하게 되니
난간에 기대어 한번이나마 꽃을 볼 겨를이 없구나.

春陰易成雨　　춘음이성우
客病不禁寒　　객병불금한
又與梅花別　　우여매화별
無因一依欄[85]　　무인일의란

나그네 생활(去)하면서 봄비에 매화가 지는 것을 아쉬워하고 있다. 매화와 이별하기(去) 싫고 다시 그 매화꽃을 보고 싶다고 하고 있다. 누군가를 떠나보내는 아쉬움을 읊은 것이 아니라 자신이 어떤 곳을 떠나는 것의 아쉬움을 읊은 시로 왕안석의 〈이승주작離昇州[86]作〉이란 시를 읽어보자. 이 시는 시인이 젊은 시절 금릉(金陵)을 떠나면서 떠나기(去) 싫은 아쉬움을 읊은 작품이다.

바라볼 뿐 차마 떠나지 못하는데,
어둑어둑 저녁 조수 가득해진다.
작별의 말 마치며 두 손 꼭 잡으니,
달은 밝게 모래섬 위로 떠오른다.

85) 난간에 기대어 꽃을 봄.
86) 金陵, 지금의 남경의 옛 이름

相看不忍發　상간불인발
慘澹[87]暮潮平[88]　참담모조평
語罷更携手　어파갱휴수
月明洲渚生　월명주저생

어두컴컴한 저녁 하늘은 떠나는 아쉬움의 깊이를, 강둑을 가득 채우며 밀려든 저녁의 조수는 떠나는 아쉬움의 양을 나타내며, 막 솟아오르는 달은 우수에 젖은 시인을 강물 저 멀리 그림자 지게 한다. 20자밖에 되지 않은 글자로 시인의 정감과 경물이 잘 어울려져 있고, 또한 금릉을 떠나는 아쉬움을 잘 표현하고 있다. 떠나기(去) 싫은 것이다.

중국인 그들은 원형 상태를 떠나기 싫어하고(별리시 송별시 증별시 유별시), 떠나갔다(去) 할지라도 다시 돌아오게(歸) 하고 싶어 한다(규방시 규원시, 행역시, 님 그리는 시, 사우시). 이런 부류의 시들은 모두 그리움(思)을 그 주제로 한 것으로, 그리워한다(思)는 시인의 의식 속에는 님과 혹은 친구와 함께 정을 나누던 원래 상태(원형)로 돌아가고(歸) 싶어 하는 심정이 그 기저에 깔려있다. 한시에서처럼 그리움(思)을 그 주제로 한 시가 이렇게 많은 것도 이 세상에 별로 존재하지 않는데, 이는 한시가 근본적으로 〈歸〉의 문학임에 그 원인이 존재한다고 여겨진다. 서구시에서 처럼 님이나 친구와의 이별에 즈음하여 그들로 하여금 타지로 나가(去) 모든 일에 성공하기를 기원하고 격려하는 미래지향적(去)인 시가 중국에는 별로 없는 것이다.

---

87) 어두컴컴하고 쓸쓸하다.

88) 저녁때 밀물이 들어 강둑과 평평해지다. 밀물이 들어 강둑에 가득하다.

6. 〈유자시遊子詩〉〈객수시客愁詩〉

유자시 객수시란 나그네 생활의 비애감을 읊조린 시로, 그 시 속에는 고향(原型)을 떠나서(去) 나그네 생활을 한다는 것은 항상 불완전한 상태라는 정서가 짙게 깔려있다. 그래서 그들은 나그네 생활(去)에서 느끼는 비애와 애수 외로움 등을 읊조리고 항상 고향에 돌아가고(歸) 싶다고 읊조린다. 이와 반대로 한시에서 나그네 생활을 긍정하여 그 생활에서 느낄 수도 있는 모험심이나 이국에 대한 향수 호기심 등등을 읊은 시는 거의 없다. 또한 여행시나 항해시도 없다. 왕발王勃의 〈촉중구일蜀中九日〉을 읽어보자.

> 구월 구일에 망향대(望鄕臺)에 올라,
> 낯선 자리 낯선 지방에서 객을 보내는 술잔이로다.
> 사람의 정은 이미 남쪽에서의 고통을 싫어하는데,
> 큰 기러기는 어찌 북쪽 땅에서 왔는가?

> 九月九日望鄕臺[89] 구월구일망향대
> 他席他鄕送客杯 타석타향송객배
> 人情已厭南中[90]苦 인정이염남중고
> 鴻雁哪從北地來 홍안나종북지래

왕발이 패왕부수찬(沛王府修撰) 자리에서 물러난 뒤, 촉 지방을 떠돌아다니면서 읊은 시로, 전 결에 "나그네 생활은 고통스러운 것, 큰 기러기는 어찌 고향인 북쪽 땅을 떠나(去) 남쪽 촉 지방으로 왔는가?"라

---

89) 梓州 玄武縣에 있는 누대 이름.

90) 이 시에서는 蜀 지방을 가리킴.

고 반문함으로써, 나그네 생활(去)이란 언제나 고통스러운 것이라고 암시하고 있다. 그는 촉 지방을 떠돌아다니는 나그네 생활을 청산하고 다시 북쪽의 고향으로 돌아가고픈(歸) 것이다. 또 다른 객수시로 맹호연孟浩然의 〈숙건덕강宿建德江[91]〉이란 시를 읽어보자.

안개 피어오르는 물가에 배를 대는데
해질 녘 나그네 시름 새롭구나.
들판 드넓어 하늘이 나무보다 낮고
강물 맑아 사람 가까이에 달이 와 있다.

移舟泊烟渚[92]	이주박연저
日暮客愁新	일모객수신
野曠天低樹	야광천저수
江淸月近人	강청월근인

전편을 통해 시인의 고독감이 짙게 드러난다. 배에 몸을 싣고 일정한 목적 없이 떠돌아다니는(去) 나그네가 해 저물녘 노을이 덮여있는 강가에 배를 대자니 하루의 피로와 함께 객지에서의 여수(旅愁)가 밀려들고 있다. 항상 불완전한 상태로 인식되어진 이런 나그네 생활(去)을 청산하고 싶은 것이다. 장계張繼(?-?)의 〈풍교야박楓橋夜泊〉이란 시를 읽어보자.

달 지고 까마귀 우는데 하늘 가득 서리가 내리고
강가 단풍잎 고깃배 등불도 시름겨운 나그네 마주하네.
고산성(姑蘇城) 밖 한산사(寒山寺)

91) 新安江이 建德(지금의 절강성 顯名) 부근을 흐르는 곳을 말함.

92) 안개 자욱이 덮인 물가

한밤중 종소리가 객선(客船)까지 들려오네.

月落烏啼霜滿天　월낙오제상만천
江楓漁火對愁眠　강풍어화대수면
姑蘇城外寒山寺[93]　고소성외한산사
夜半鐘聲到客船　야반종성도객선

날이 저물어 풍교(楓橋)에 배를 댄 나그네가 밤새 잠 못 이루며 객선(客船)에서의 나그네의 시름을 읊고 있다. 그는 항상 이 시름겨운 나그네 생활(去) 청산하고 고향(원형)으로 돌아가고픈 (歸) 것이다. 객수를 읊은 작품으로 왕만王灣의 〈차북고산하次[94]北固山[95]下〉를 읽어보자.

나그네 길 푸른 산 저 넘어
푸른 물 앞으로 배를 저어 나가네.
조수가 평평하고 양쪽으로 탁 트인 강 언덕
바람 맞아 올린 돛 부풀었네.
신 새벽 어둠 깨고 바다 위로 해 떠오르고
동지 섣달 강바람 속에 봄이 실려 오네.
고향에 보내는 편지 누구에게 부탁하랴
돌아가는 기러기는 낙양으로 날아가는데.

客路青山[96]外　객로청산외
行舟綠水前　행주녹수전

---

93) 南朝 梁나라 때 楓橋鎮에 세워진 절로 원명은 '妙利普明塔院'인데 初唐 때 詩僧 寒山이 이 절에 거주했다 하여 한산사라 함.

94) 하룻밤 머물다.

95) 지금의 강소성 鎭江市 북쪽, 長江 남쪽에 있는 산으로 3면이 강에 접해있고, 동쪽과 서쪽으로 金山과 焦山을 바라보고 있다.

96) 북고산을 가리킴.

潮平兩岸闊　조평양안활
風正一帆懸　풍정일범현
海日生殘夜　해일생잔야
江春入舊年　강춘입구년
鄕書何處達　향서하처달
歸雁[97]洛陽邊　귀안낙양변

강남의 북고산(北固山)에 머물면서 그 객수를 읊은 작품으로, 왕만은 이 시 속에서 고향으로 돌아가고(歸) 싶어 하는 마음과 돌아갈 수 없다는 데에서 느끼는 객수를 담담히 읊고 있다. 결구에서 '고향에 보내는 편지 누구에게 부탁하랴, 기러기는 낙양으로 돌아가는데.'라고 읊어, 기러기도 이 추운 동지섣달에 고향 찾아 낙양으로 돌아가는데(歸) 자신은 고향으로 보낼 편지를 부탁할 사람조차도 없다고 하여, 이역에서 고향으로 돌아가고픈(歸) 나그네의 망향의 정을 잘 읊조리고 있다. 또 다른 객수시로 가도賈島(779-843)의 〈도상건渡桑乾[98]〉을 읽어보자.

병주(幷州)에서의 나그네 생활 이미 십 년
돌아가고픈 마음에 밤낮 함양(咸陽)만 생각했다.
무단히 또 상건수(桑乾水)를 건너가게 되어
병주(幷州)를 돌아보니 그 곳이 바로 고향이라네.

客舍幷州[99]已十霜　객사병주이십상
歸心日夜憶咸陽　귀심일야억함양

97) 북쪽으로 돌아가는 기러기로, 또한 서신을 가리키니 雙關이 되었다.
98) 산서성 大同 남쪽을 흘러 동쪽으로 향하다 하북성 盧溝河로 들어가는 강으로, 여기서는 북경 가까이 있는 것이 아니고 상류인 산서성에 있는 것을 말함.
99) 지금의 산서성 太原

無端更渡桑建水　　무단갱도상건수
卻望幷州是故鄕　　극망병주시고향

고향(원형)에 대한 그리움(思)과 객지에서의 비애감을 읊조린 작품이다. 병주(幷州)에서 오랜 객지생활을 하다가 다시 다른 곳으로 가게 되자 병주(幷州)가 오히려 고향인 것처럼 느껴진다는 시인의 말은 고향인 함양(咸陽)을 그리워하는 마음이 역설적으로 표현된 것이다. 고향 함양으로 돌아가고픈(歸) 것이다. 또 다른 유자시 계열로 유장경劉長卿(?-754)의 〈봉설숙부용산주인逢雪宿芙蓉山[100]主人〉이란 시를 읽어보자.

해 지고 산길이 멀어
추운 날씨에 가난한 초가집에 투숙하였네.
사립문 밖 개 짖는 소리
바람 불고 눈 내리는 이 밤 누군가가 돌아오나 보다.

日暮蒼山遠　　일모창산원
天寒白屋[101]貧　　천한백옥빈
柴門聞犬吠　　시문견견폐
風雪夜歸人　　풍설야귀인

눈 오는 날 먼 길 산 속을 가다 해가 저물어 가난한 초가집에 투숙한 나그네의 감상을 읊은 시로, 눈 내리는 산간마을의 모습을 그린 한 편의 수채화를 보는 듯 정겹다. 나그네 생활(去)의 쓸쓸함을 읊고 있다. 왕안석(王安石)이 서울 개봉으로 올라갈 때 그 길목인 소흥의 갈계

---

100) 산동성 臨沂縣과 호남성 桂陽 그리고 寧鄕縣 등지에 각각 부용산이 있는데 이 시에서는 어느 것을 가리키는지 확실하지 않다.

101) 띠풀집으로 농촌의 소박한 집을 가리킴.

역(葛溪驛)에 하룻밤 묵으며 느끼는 객수를 읊은 작품인 〈갈계역葛溪驛[102]〉이란 시를 읽어보자.

조각달 어둑어둑 밤은 아직 깊은데,
등불 하나 깜박이며 가을 침상 비춘다.
병든 몸이라 찬바람과 이슬 벌써 느껴지고,
고향 가는 꿈속에서 산 높고 물 깊은 줄 몰랐다.
앉아서 가는 세월에 북받치는 마음 노래하고,
일어나 밖을 살피니 야색은 처량하다.
우는 매미 더욱 나그네 귀를 어지럽히며,
잎새 누릇누릇 성긴 오동나무를 껴안고 있다.

缺月昏昏漏未央[103] 결월혼혼누미앙
一燈明滅照秋床 일등명멸조추상
病身最覺風露早 병신최각풍노조
歸夢不知山水長 귀몽부지산수장
坐感歲時歌慷慨 좌감세시가강개
起看天地色凄涼 기간천지색처량
鳴蟬更亂行人耳 명선갱란행인이
正[104]抱疎桐葉半黃 정포소동엽반황

왕안석은 30세인 황우(皇祐) 2년(1050)에 벼슬을 찾아 고향 임천(臨川)을 떠나 소흥(紹興)과 항주(杭州)를 거쳐 당시 서울인 개봉(開封)으로 북상한다. 이 시는 소흥을 향할 때 그 길목인 갈계역에서 하룻밤을 묵으

102) 갈계는 지금의 강서성 弋陽縣 서쪽을 흐르는 개울 이름이고, 갈계역은 그 남쪽에 있는 역참 이름이다. 옛날의 역은 출장가거나 공문서를 전달하는 관원들에게 숙식을 제공하고 말을 교체해주던 곳이다.

103) 물시계 소리가 끝나지 않다. 아직 밤이 깊다는 뜻.

104) 동작이 진행됨을 표시하는 부사

며 꿈에서 깨어나 잠 못 이루는 쓸쓸한 감회를 읊은 것이다. 서울로 올라가도 벼슬을 구할 수 있을지 알 수 없는 답답한 상황에, 적적한 객사에서의 흐릿한 등불, 쌀쌀한 날씨, 처량한 추색(夜色), 한밤에 우는 가을 매미, 반쯤 물들고 잎이 듬성듬성 붙어있는 오동나무 등의 쓸쓸하고 외로운 풍경을 마주하면서 나그네가 된 시인의 마음은 이에 저절로 처량해진다.

나그네의 설움인 객수(客愁)를 읊조린 대부분의 한시들과 달리 이백의 〈행로난行路難[105]〉 제 1수는 그 의취를 달리한다. 이는 유쾌한 낭만주의자이며 방랑주의자인 이백 자신의 심성 때문에 그러한 것으로 여겨지는데, 이런 정서의 시는 한시에서도 극히 드물다 하겠다.

금술단지에 맑은 술 한말이 만 냥
옥 소반 좋은 안주 만전(萬錢)의 값어치
잔 멈추고 젓가락 던져 차마 먹지 못하고
칼 빼어 사방을 둘러보니 마음은 아득하다.
황하를 건너려 하나 얼음이 강을 막고 있고
태행산에 오르려하나 눈이 하늘에 가득하다
한가로이 시냇물에 낚시 드리우다가
홀연히 배타고 임금 계신 곳을 꿈꾼다.
길가는 것이 어렵도다 길가는 것이 어렵도다.
갈림길 많으니 지금은 어디에 있는가?
긴 바람 타고 파도 해치는 그 큰 뜻 모름지기 때가 있으리니
높은 돛 바로 달고 창해(滄海)를 건너리라.

今樽淸酒斗十千[106] 금준청주두십천

---

105) 악부 雜曲歌辭의 옛 제목. 세상살이의 어려움과 이별의 슬픔을 노래하고 있다.
106) 한말의 술이 만전의 값어치가 나간다. 술이 좋아 술값이 매우 높다는 것을 의

玉盤珍羞[107]値萬錢　옥반진수치만전
停杯投箸不能食　정배투저부능식
拔劍四顧心茫然　발검사고심망연
欲渡黃河氷塞川　욕도황하빙새천
將登太行[108]雪滿天　장등태행설만천
閑來垂釣碧溪上[109]　한래수조벽계상
忽復乘舟夢日邊[110]　홀복승주몽일변
行路難　행로난　行路難　행로난
多岐路　다기로　今安在　금안재
長風破浪會有時　장풍파랑회유시
直卦雲帆濟滄海　직괘운범제창해

이백이 관직을 버리고 강호를 떠돌아다닐 때의 번민과 방황을 묘사한 시다. 마지막에 "긴 바람 타고 파도 해치는 그 큰 뜻 모름지기 때가 있으리니, 높은 돛 바로 달고 창해를 건너리라."라고 하여 웅대한 포부를 드러내고 있는데, 이런 기상이 있는 시는 한시에서 흔치 않다. 서구 시에는 미지에 대한 호기심을 읊은 시 그리고 개척시(去)와 행진시(去) 여행시(去) 항해시(去)가 존재하고 있다.

한시에서 가장 많이 보이는 시어 중의 하나가 바로 '객(客)'이다. 이 '객'은 항상 chaos(불완전한) 상태에 있는 것으로 묘사되어 있어, 이 '객'을 이향 타지에서 쓸쓸한 자연 경물과 대비시키고 어떤 때에는 화창한

미한다. 曺植의 〈名都篇〉에 "돌아와 평락관에서 잔치할 제, 맛좋은 술 한말에 만전이라네.(歸來宴平樂, 美酒斗十千)"에서 유래된 말.

107) '羞'는 '饈'와 같다. 맛좋은 음식.

108) 太行山

109) 전해 오는 말에, 姜太公이 周 文王을 만나기 전에 渭水 磻溪에서 낚시질하였다는데 그 고사에서 유래된 말.

110) 태양의 옆. 즉 황제가 계신 수도 長安을 가리킨다.

봄날 풍경과 대비시켜 홀로(獨) 그리고 외로운(孤) 나그네의 슬픔(客愁)을 읊조리며, 또한 항상 고향으로 혹은 님에게로 혹은 친구에게로 돌아가고(歸) 싶은 심정을 읊조리고 있다. 이런 시들에는 객(客), 객자(客子), 고객(孤客), 독(獨), 고(孤), 천말(天末), 객수(客愁), 비(悲), 원(怨), 원(遠), 장(長), 귀(歸), 망(望) 같은 시어가 많이 등장하고 있다.

중국 시인 그들은 정치적 성공기에는 시를 별로 짓지 않고, 유배를 당했을 때나 조정에서 물러나 야인 생활을 하여 각처를 떠돌아다닐 때, 혹은 낙향하여 고향이나 자연에 은거할 때 많이 지었는데, 이처럼 시인 자신이 인정하든 인정하지 않든 그 자신의 위치가 chaos 상태에 빠져 있을 때 많이 짓는 것은, 항상 현실의 삶을 불완전한 상태로 인식하고 그 불완전한 상태에서 벗어나 원형으로 회귀(歸)하고자 하는 농경민족인 중국인들의 기본적인 심성 때문이 아닌가 한다.

7. 〈사향시思鄕詩〉〈회향시回鄕詩〉

사향시 회향시 역시 나그네 생활에서 고향(원형)을 그리는(思) 시로, 이 시에는 어떤 사정으로 고향을 떠난 시인 자신이 다시 그 고향으로 돌아가고픈(歸) 심정을 읊고 있다. 또 두보의 〈절구絶句〉란 사향시를 읽어보자

강물 푸르니 새 더욱 희고,
산 푸르니 꽃은 불타려고 하는구나.
금년 봄도 보는 사이 또 지나가는데,
어느 날이 돌아갈 해인가.

江[111]碧鳥逾白　강벽조유백
山靑花欲然　산청화욕연
今春看又過　금춘간우과
何日是歸年　하일시귀년

방랑길(去)에 있는 두보의 망향의 그리움이 짙게 배어있는 작품이다. 전반부에서는 대구를 이루며 봄 경치를 멋지게 그려내고 있다. 객지인 타향에서의 경치가 아름다우면 아름다울수록 고향 생각은 더욱 더해지기 마련이다. 그는 결구에서 언제 고향으로 돌아갈지(歸) 모르겠다고 읊으며 항상 고향으로 돌아가고픈(歸) 망향의 정에 사무쳐 있는 것이다. 이와 반대로 한시에서는 고향을 떠나 떠돌아다니는(去) 즐거움을 읊은 작품이나 개척시 행진시 여행시 부류는 거의 없다. 최호崔顥의 〈황학루黃鶴樓[112]〉를 읽어보자.

옛 선인 이미 황학 타고 가버리고
이 땅에는 그저 황학루(黃鶴樓)만 남아 있다.
황학은 한번 떠난 후로 다시 오지 아니하고
흰 구름만 천년토록 여전히 떠 있다.
맑은 날 강에는 한양(漢陽)의 나무들이 뚜렷하고
향기로운 풀들은 앵무주(鸚鵡洲)에 무성하다.
해는 저무는데 고향은 어디메뇨?
강 위의 안개가 사람을 시름겹게 한다.

昔人已乘黃鶴去　석인이승황학거

111) 成都의 錦江을 뜻함.

112) 호북성 武昌에 있는 누각. 仙人 子安이 黃鶴을 타고 이곳을 지나갔기 때문에 黃鶴樓라고 한다는 설도 있고, 仙人 費文褘가 黃鶴을 타고 이곳에서 쉬어갔다고 해서 黃鶴樓라고 부른다는 설도 있다.

此地空餘黃鶴樓　　차지공여황학루
黃鶴一去不復返　　황학일거부복반
白雲千載空悠悠[113]　　백운천재공유유
晴川歷歷漢陽[114]樹　　청천력력한양수
芳草萋萋鸚鵡洲[115]　　방초처처앵무주
日暮鄕關[116]何處是　　일모향관하처시
烟波江上使人愁　　연파강상사인수

이 시는 천고(千古)의 절창(絶唱)으로 인구에 회자되고 있는 명시이다. 황학루에 올라 멀리 바라보며 마음속에 일어나는 고향에 대한 그리움(思)을 노래하고 있으며, 조구(造句)가 자연스럽고 기상이 웅대하다. 강 위의 안개 때문에 시름겨운 시인이 이에 고향으로 돌아가고픈(歸) 것이다. 왕지환王之渙(688-742)의 〈등관작루登鸛雀樓[117]〉를 읽어보자.

하얀 해는 산 너머 지고
누런 강물 바다로 흘러가는데
고향 길 천리나 굽어나 보려고
다시 한층 누각을 올라간다네.

白日依山盡　　백일의산진
黃河入海流　　황하입해류
欲窮千里目　　욕궁천리목
更上一層樓　　경상일층루

---

113) 久遠한 모양. 白雲이 오래도록 황학이 돌아오기를 기다리며 여전히 그 곳에 떠있다는 뜻임.

114) 武昌의 서북쪽에 있는 지명

115) 호북성 漢陽縣 서남쪽에 있는 장강 가운데 있는 섬

116) 고향

117) 唐代의 蒲州(지금의 산서성 永濟縣)에 있는 삼층 누각

멀리서나마 고향을 바라보려고 '다시 한층 누각을 올라간다네.'라고 한 것에서 시인 자신의 고향으로 돌아가고픈(歸) 심정이 애절하고 간결하게 표현되어 있다. 한시에 고향이나 님이 계신 곳을 멀리서나마 보기 위해, 이처럼 누각이나 누대 혹은 산꼭대기에 올라가 자신의 감회를 읊은 작품이 많다. 신년이 되면 타지에서 더욱 고향 생각나기 마련이다. 이를 읊은 시로 유장경劉長卿의 〈신년작新年作〉이란 시를 읽어보자.

> 고향 그리는 마음 새해 되면 더욱 절실해져
> 하늘가에 홀로 눈물 흘린다.
> 늙도록 남의 밑에서 일하며
> 봄이 와도 고향에 가지 못한다.
> 고개의 원숭이와 아침 저녁을 함께 하고
> 강가의 버들과 풍연(風烟)을 함께 하였다.
> 이미 장사왕(長沙王)의 태부(太傅)와 같아져 버렸으니
> 지금부터 또 몇 년이나 걸릴까?

鄕心新歲切	향심신세절
天畔獨潸然[118]	천반독산연
老至居人下	노지거인하
春歸在客先[119]	춘귀재객선
嶺猿同旦暮	령원동단모
江柳共風煙	강류공풍연
已似長沙傅[120]	이사장사부
從今又幾年	종금우기년

118) 눈물 흘리는 모양

119) 봄이 자신보다 먼저 고향 땅에 돌아갔다는 뜻

120) 자신의 신세를 漢代 賈誼에 비유한 것인데, 가의는 대신의 미움을 사서 참소를 당하고 長沙王의 太傅로 폄적되었다.

이 시는 감회시로 시인이 귀양 가서 먼 타향에서 새해에 고향을 그리는 마음을 읊고 있다. 봄이 와도 고향에 가지 못하고 지금부터 몇 년 뒤에 귀양생활에서 풀려나 고향으로 돌아갈까(歸) 걱정하고 있다. 왕유王維(701-761)의 〈잡시雜詩〉를 읽어보자.

그대 고향에서 오셨으니
응당 고향 일을 아시겠구려.
떠나오시던 날 우리 집 창문 앞
매화나무 가지에 꽃망울이 맺혔던가요?

君自故鄕來　　군자고향래
應知故鄕事　　응지고향사
來日綺窓[121]前　　래일기창전
寒梅著花[122]未　　한매저화미

객지에서 만난 고향사람에게 고향의 자신 집 창문 앞에 매화나무에 꽃망울 맺혔는가 하고 묻고 있다. 고향으로 돌아가고(歸) 싶은 것이다. 유종원의 〈여호초상인동간산기경화친고與浩初上人[123]同看山寄京華親故〉란 시도 고향을 그리는 시이다.

바닷가 뾰족한 산들 칼 끝 같아서
가을되자 어느 것이나 시름 잠긴 창자 째네.
만약에 이 몸 천만 개로 변할 수 있다면
봉우리 위로 흩어져 고향이라도 바라보련만!

121) 비단 창문

122) 꽃망울이 맺히다.

123) 호초 스님. 潭州(지금의 호남성 長沙市) 사람. 上人은 스님을 일컫는 말.

海畔尖山似劍鋩[124] 해반첨산사검망
秋來處處割愁腸 추래처처할수장
若爲化得身千億 약위화득신천억
散上峰頭望故鄕 산상봉두망고향

바닷가에 솟아있는 바위산을 바라보면서 고향 생각을 읊은 시이다. 무수한 칼 끝 같은 봉우리에 올라서면 고향을 좀 더 많이 볼 것이라는 절실한 심정을 그려내고 있다. 장적張籍(768-830)의 〈추사秋思〉를 읽어 보자.

낙양성에 선뜩 가을바람 부는데
집으로 보낼 편지 쓰자니 생각이 꼬리를 무네.
새삼 서둘러 할 말 다 못했나 싶어
행인은 떠나려는데 다시 봉투를 뜯네.

洛陽城裏見秋風 낙양성리견추풍
欲作家書意萬重 욕작가서의만중
復恐匆匆說不盡 복공총총설부진
行人[125]臨發又開封 행인임발우개봉

객지에서 소슬한 가을바람 불 때를 당하여 고향으로 가는 인편이 있어 고향의 가족에게 소식을 전하려고 편지를 쓰는 사람의 심리를 곡진하게 묘사하고 있다. "새삼 서둘러 할 말 다 못했나 싶어, 행인은 떠나려는데 다시 봉투를 뜯네."라고 하고 있다. 이 시인은 다시 고향으로 돌아가고(歸) 싶은 것이다. 왕발王勃의 〈산중山中〉이란 시를 읽어보자.

---

124) 칼 끝, 갈 날

125) 편지를 가지고 고향으로 갈 사람

장강은 슬픔에 느릿느릿 흐르고
만 리 먼 길 돌아갈 것 생각한다.
하물며 가을바람 부는 저녁
산마다 누런 낙엽들 날리고 있음에랴.

長江悲已滯　　장강비이체
萬里念將歸　　만리념장귀
況屬高風[126]晚　　황속고풍만
山山黃葉飛　　산산황엽비

이 작품은 시인이 촉(蜀)에 있을 때 지은 것이라고 하는데, 고향으로 돌아가고픈(歸) 심정을 장강에 이입하고 낙엽이 날리는 가을 산으로 분위기를 조성함으로써 정경합일(情景合一)의 경지를 이루고 있다. 자신이 고향으로부터 멀리 있음을 장강, 만리란 시어에서의 '장(長)'과 '만(萬)'자를 사용하여 나타내고 있고, 고향을 떠나있는 슬픔(悲)을 1구에서 "장강은 슬픔(悲)에 느릿느릿 흐르고"라고 하여 자신의 감정을 장강에 이입하고 있다. 이역인 촉지방에서의 나그네 애수가 작품 속에 은은히 깃들여 있다. "장강은 슬픔에 가기(去) 싫어 느릿느릿 흐르고, 항상 만 리 먼 길 돌아갈(歸) 것을 생각한다."고 읊고 있는데, 시인은 이 쓸쓸한 가을의 촉 지방을 떠나 고향(원형)으로 돌아가고픈(歸) 것이다. 잠참岑參(717-770)의 〈구일사장안고원九日[127]思長安故園〉이란 시를 읽어 보자.

억지로 높은 곳에 오르려고 하지만
술을 보내오는 사람이 없구나.

---

126) 가을바람

127) 음력 9월 9일 重陽節

가련하다 저 멀리 고향의 국화는
응당 싸움터 옆에 피어 있겠지.

强欲登高[128]去　강욕등고거
無人送酒來　무인송주래
遙憐故園菊　요련고원국
應傍戰場開　응방전장개

중양절(重陽節) 날 장안의 고원(故園)을 그리며 쓴 시로, 국화주 무르익는 고향으로 돌아가고픈(歸) 심정이 내용 속에 깊게 배어있다. 회향시 계열로 하지장賀知章(659-744)의 〈회향우서回鄕偶書〉란 작품 중 그 첫 수를 읽어보자.

어려서 집을 떠나 늙어서 돌아오니
고향 사투리는 변함없으나 귀밑머리 다 빠졌네.
아이들 나를 보고 알아보지 못하고
"손님은 어디서 오셨나요?"라고 웃으며 묻네.

少小離家老大回　소소이가노대회
鄕音[129]無改鬢毛衰　향음무개빈모쇠
兒童相見不相識　아동상견불상식
笑問客從何處來　소문객종하처래

오랫동안 외지에 살다가 고향에 돌아온 시인의 감회를 읊은 시이다. 고향에 돌아왔으나(歸) 너무 세월이 흘러 고향 아이들이 자신을 알아보지 못하는 감회를 담담하게 읊고 있다. 늙어서 고향에 돌아와(歸)

128) 중양절에 높은 곳에 올라 바람을 쐬는 풍습이 있었다.
129) 고향 사투리

고향 아이들이 몰라봐도 고향 사투리는 변함없어 마냥 즐거운 정서가 짙게 깔려있다 하겠다. 명나라 원개袁凱의 〈경사득가서京師[130]得家書〉를 읽어보자.

강물 삼천리 떨어진 곳
집에서 온 편지는 겨우 15 줄
행마다 별다른 말 없고
단지 고향으로 빨리 돌아오라는 말 뿐

江水三千里　　강수삼천리
家書[131]十五行　　가서십오행
行行無別語[132]　　행행무별어
只道早還鄉　　지도조환향

집에서 온 편지 속에 "단지 고향으로 빨리 돌아오라(歸)." 말만 적혀 있다고 하며 시인은 고향으로 돌아가고(歸) 싶어 한다.

서구시에 고향을 그리워하고 돌아가고(歸) 싶다고 읊은 사향시 회향시 부류가 없는 것은 아니지만, 그 양은 한시의 그것에 비교가 되지 않을 정도로 적다. 한시에서 고향(땅)으로 돌아가고(歸) 싶다고 읊은 사향시 회향시가 이렇게 많은 것은 수천 년 동안 고향(땅)에서 농사를 지으며 평생을 살아온 농경민족이어서, 고향(땅)을 떠나 객지에서 나그네 생활한다는 것은 chaos(불완전한) 상태라 여겼기 때문이라 생각된다.

130) 서울. 여기서는 지금의 南京인 金陵을 가리킴.

131) 집에서 온 편지

132) 다른 말

8. 〈변새시邊塞詩〉

변새시는 행역으로 인해 변방으로 끌려가 다시 고향(원형)으로 돌아갈(歸) 수 없다는 비애감을, 변방의 황량한 자연 경물에 대비시켜 읊고 있다. 왕지환王之渙의 〈양주사涼州詞[133]〉를 읽어보자.

황하 아득히 흰 구름 사이로 흘러가는데
높고 험준한 산 위에 외로운 성 하나.
오랑캐 피리는 어쩌자고 〈절양류〉 곡만 불어대는가?
봄바람은 옥문관을 넘어오지도 못하는 것을.

黃河遠上白雲間	황하원상백운간
一片孤城[134]萬仞山	일편고성만인산
羌笛何須怨楊柳[135]	강적하수원양류
春風不渡玉門關[136]	춘풍부도옥문관

결구에서 봄바람은 옥문관(玉門關)을 넘어오지도 못한다고 하여, 황량한 변방 지방에서의 시인의 고독과 애수를 읊조리고 있다. 고향을 떠나(去) 변방 지방으로 행역을 가서 생활한다는 것은 항상 chaos(불완전한) 상태라는 것이 이 시에 짙게 깔려있다. 변새에서의 풍정(風情)을 읊은 유개柳開(946-999)의 〈새상塞上〉을 읽어보자.

133) 樂府의 곡명. 涼州는 지금의 감숙성 武威縣에 있는 지명인데, 《文苑英華》에는 이 작품이 〈出塞〉으로 되어 있음.

134) 옥문관을 뜻함.

135) 北朝의 악부. 鼓角橫吹曲 가운데 〈折楊柳枝〉가 있는데, 가사와 가락이 애절하여 이별곡으로 흔히 불렀음.

136) 감숙성 敦煌縣 서쪽에 있는 관문으로 서역으로 가는 요충지임.

화살촉이 소리내어 울면서 곧장 천 자 높이로 올라가니
하늘 고요하고 바람도 없어 소리 더욱 날카롭네.
파란 눈의 오랑캐들 3백의 기병이
모두 말고삐 잡아당기며 구름을 바라보네.

鳴骹[137]直上一千尺　명교직상일천척
天靜無風聲更乾　천정무풍성갱건
碧眼胡兒三百騎　벽안호아삼백기
盡提[138]金勒[139]向雲看　진제금륵향운간

이 시는 변방지방의 쓸쓸한 풍정(風情)을 그려낸 명시로 알려져 있다. 한시에 변방 유목지역을 아름답게 그려낸 작품은 거의 없다. "푸른 초장 위에 말은 물마시고 흰 구름 떠가는 아름다운 이곳에서 나는 님과 함께 더불어 살고지고." 같은 시구는 한시에서 발견하기 어려운 것이다. 중국인 그들은 항상 세계의 중심에 있는 나라로 여긴 농경문화 지역인 중국에서 살고 싶어 했고 또한 그 곳으로 돌아가고(歸) 싶어 했다. 변방 유목문화지역이란 살 곳이 못 되는 쓸쓸하고 황량한 지역이라고 여긴 것이다. 그 곳을 벗어나 농경지역 중국으로 돌아가고픈(歸) 것이다. 또 다른 변새시 잠참岑參의 〈적중작磧[140]中作〉이란 시를 읽어보자.

말 달려 서쪽으로 하늘 끝에 왔는가?
집 떠나 둥근 달을 두 번 보았다네.
오늘 밤은 또 어디에서 쉬어야 하나?
만 리 드넓은 사막에는 밥 짓는 연기도 보이지 않네.

137) 화살촉이 소리 내어 우는 것. 骹는 嚆 즉 화살촉
138) 모두가 잡아당기다.
139) 말의 금 재갈
140) 모래벌판. 사막

走馬西來欲到天　주마서래욕도천
辭家見月兩回圓　사가견월양회원
今夜不知何處宿　금야부지하처숙
平沙萬里絶人煙　평사만리절인연

시인이 서역 변방으로 가는 도중의 경치를 읊은 작품이다. 변새의 황량함 그리고 시인 자신의 외로움을 읊조리고 있다. "오늘밤은 또 어디에서 쉬어야 하나? 만 리 드넓은 사막에는 밥 짓는 연기도 보이지 않네."라고 하며, 영원한 안식처인 고향으로 되돌아가고(歸) 싶은 심정을 간접적으로 나타내고 있다. 왕창령王昌齡(692?-757)의 〈출새出塞〉란 시를 읽어보자.

진나라 때도 비치던 밝은 달, 한나라 때도 있던 관문
만 리 밖 싸움 나간 병사 아직 돌아오지 못했지.
그러나 용성의 비장군만 있었다면야
오랑캐 군대 음산(陰山)을 넘지 못하게 했을 것을.

秦時明月漢時關　진시명월한시관
萬里長征人未還　만리장정인미환
但使龍城飛將[141]在　단사용성비장재
不教胡馬度陰山[142]　부교호마도음산

악부구제(樂府舊題)의 시제를 빌어 사용한 이 시는 변경을 지키려고 원정 간 병사들의 恨을 생각하며 나라를 걱정하는 시인의 마음을 잘

141) 李廣으로 漢나라 때 右北平太守로 흉노를 격파해 흉노인들은 그를 두려워하여 飛將軍이라 불렀다 함.

142) 지금 내몽고 경내 있는 산맥으로 북방 유목민들의 침입을 막는 병풍 역할을 하였음.

노래하고 있다. 용성의 비장군이 있어 오랑캐 군대 음산(陰山)을 넘지 못하게 했다면 변방 간 군사들이 모두 고향으로 돌아갈(歸) 수 있었을 텐데 하는 아쉬움이 짙게 깔려있다. "만 리 밖 싸움 나간 병사 아직 돌아오지 못했지."라고 하여, 병사들이 죽어 고향으로 돌아가지(歸) 못한 슬픔을 노래하고 있는 것이다.

여기에서 보듯이 중국인 그들은 고향(원형)을 떠나는(去) 것을 언제나 chaos(불완전) 상태에 빠지는 것이라고 생각하고 있으며, 그래서 그들은 나그네 생활에서 느끼는 애수나 비애감 그리고 변방에서의 고독과 쓸쓸함을 읊고 있다. 또한 그 chaos 상태에서 벗어나 고향(원형)으로 돌아가고자(歸) 하고 있다. 중심(原型)에서 벗어난다(나그네 생활이나 변방에서의 생활 같은 것)는 것은 언제나 chaos 상태라고 여기고 있는 것이다. 그래서 그들은 언제든지 그가 태어나고 살아온 고향(원형)으로 돌아가고(歸) 싶어 한다. 이는 한시가 그 얼마나 구심적(求心的)인 성격을 강하게 가지는 가를 여실히 알 수 있게 해 준다. 한시에 개척시나 여행시 행진시 항해시가 없는 근본적인 이유는, 농경민족 중국인들의 원형회귀적인(고향으로 돌아가고 싶은) 심성으로 말미암아 이런 거적(去的)인 시(개척시 여행시 행진시 항해시)를 읊지 못하게 한 것이 아닌가 한다.

그러나 행역시 변새시 계열로 강렬한 애국심, 출정군의 위용, 난국을 극복하려는 사나이의 기개 등을 그려 '거(去)'적인 분위기가 풍기는 작품이 약간 있으나, 이런 작품들은 극소수이고 항상 변방의 생활을 청산하고 고향(원형)으로 돌아가기(歸)를 바라는 작품들이 대부분이다. 용기를 복 돋우는 출전가적 냄새가 강하게 풍기는 작품으로 양형楊炯(650-693?)의 〈종군행從軍行[143]〉을 읽어보자.

---

143) 옛날부터 樂府의 제목으로 많이 쓰였다. '行'은 노래라는 뜻.

장안에 봉화 비추이니
마음이 편치 않도다.
출정군이 궁성을 떠나
기병들이 적의 요새지를 에워쌌다.
어두운 구름에 군대 깃발 그림 흐릿해 보이고
쌩쌩 부는 바람 속에 북소리 섞여있다.
차라리 하급 지휘관이 되는 것이
일개 서생보다 나으리라!

烽火照西京[144]	봉화조서경
心中自不平	심중자불평
牙璋[145]辭鳳闕[146]	아장사봉궐
鐵騎繞龍城[147]	철기요용성
雲暗凋旗畫[148]	운암조기화
風多雜鼓聲	풍다잡고성
寧爲百夫長[149]	녕위백부장
勝作一書生	승작일서생

〈종군행〉은 옛날 악부의 제목으로 많이 사용하였는데, 대개는 강제로 전쟁에 동원되어 가족과 이별하고 싸움터에 나가는 이의 쓰라림을 묘사하고 있으나, 이 시에서는 오히려 나라를 위하여 싸움에 자원하여

144) 장안을 이름. 낙양을 東京이라 하였음.

145) 황제의 명으로 군대를 출동시킨다는 것을 증명하는 신표. 상아 같은 재질로 요철모양으로 만들어 황제와 장군이 각각 나누어 가지고 있는데,. 여기서는 출정군 사령관을 뜻함.

146) 한나라 무제 때 세운 建章宮 궁문 위에 金鳳 장식이 있어 그 후 '鳳闕'은 황궁을 뜻하는 것으로 통용되었다.

147) 흉노 부족의 거점. 적군의 군사 요충지의 뜻으로 통용된다.

148) 軍旗에 그려진 모양

149) 100명 군졸을 거느린 하급 지휘관

참가하는 군인의 기개를 읊은 특이한 작품이다. 서역 유목문화(去문화)의 영향을 받아 지어진 것으로 보인다. 그러나 한시에서 이런 작품은 극소수이다.

9. 〈영사시詠史詩〉〈영회시詠懷詩〉〈영고시詠古詩〉〈회고시懷古詩〉

이런 부류들의 시들은 모두 과거에 대한 회상과 그리움을 그 주제로 한 시로, 언제나 Utopia 상태(황금시대)라고 모호하게 인식되어진 과거(원형)로 돌아가고자(歸)하는 중국인들의 의식이 낳은 시들이다. 이는 유가 복고주의와 깊은 관련성을 가지는 것으로, 중국인 그들은 항상 모호하게 과거의 황금시대(원형)로 돌아가고자(歸) 하는 의식을 가지고 있다. 시간을 흘러가게(去) 하고 싶지 않고, 심지어 시간이 흘러갔다(去) 할지라도 그 시간을 거슬러 되돌아가고(歸) 싶어 한다. 이백의 〈왕소군王昭君[150]〉을 읽어보자.

왕소군은 옥안장을 떨치고,
말에 올라 울어 뺨까지 붉어졌구나.
오늘은 한(漢)나라 궁녀이나,
내일이면 오랑캐 땅의 첩이 되겠지.

昭君拂玉鞍　　소군불옥안
上馬啼紅頰　　상마제홍협
今日漢宮人　　금일한궁인

150) 前漢 元帝를 모시든 궁녀인 王嬙

明日胡地妾　　명일호지첩

"오늘은 한나라 궁녀이나, 내일이면 오랑캐 땅의 첩이 되겠지."라는 구절은 내일이 되기 싫다, 즉 시간을 흐르게 하고(去) 싶지 않다는 욕망이 들어있다. 과거란 항상 현재보다 낫고, 또한 현재는 미래보다 나은 것이라고 중국인들은 인식하고 있는 것이다. 시간이 흘러간다는(去) 것은 chaos 상태로 가는 것이다. 시간을 거슬러(歸) 가능하면 과거(원형)로 돌아가고(歸) 싶은 것이다. 중국인 그들이 그 얼마나 과거지향적인 사고를 하고 있는가를 알 수 있다. 두보의 〈촉상蜀相[151]〉은 촉의 승상이었던 제갈량을 회상하며 읊은 전형적인 영사시이다.

승상의 사당을 어디에서 찾을까?
금관성 밖 백나무 우거진 곳이지.
섬돌 햇빛 아래 푸른풀은 봄빛을 스스로 드러내고 있고
나뭇잎 사이 꾀꼬리는 부질없이 고운 소리로 우네.
세 번이나 찾아와 천하의 큰일을 논하니
두 왕조 섬기며 나라 위해 늙은 신하의 마음 바쳤네.
출정하여 승리하기 전에 자신이 먼저 죽으니
길이 후세 영웅들로 하여금 눈물로 옷깃 적시게 하네.

丞相祠堂何處尋　　승상사당하처심
錦官城[152]外柏森森[153]　　금관성외백삼삼
映階碧草自春色　　영계벽초자춘색
隔葉黃鸝[154]空好音　　격엽황리공호음

151) 촉나라 승상 제갈량
152) 본시 成都 남쪽의 작은 성을 의미하나, 成都 전체를 가리키는 말이 되었다.
153) 매우 우거진 모양
154) 꾀꼬리

三顧頻煩[155]天下計　　삼고빈번천하계
兩朝開濟[156]老臣心　　양조개제노신심
出師未捷[157]身先死　　출사미첩신선사
長使英雄淚滿襟[158]　　장사영웅누만금

두보가 북벌로 천하대업을 이루지 못하고 오장원(五丈原)에서 죽은 제갈량을 애달아하며 읊은 영사시이다. 진자앙陳子昂의 〈연소왕燕昭王〉이란 시를 읽어보자.

남쪽 갈석관에 올라
멀리 황금대를 바라보았네.
구릉엔 교목이 가득한데
소왕은 어디 계신가?
천하의 패권을 잡으려는 꿈이 슬프게도 끝나
나는야 말 몰고 돌아왔다네.

南登碣石館[159]　남등갈석관
遙望黃金臺[160]　요망황금대
丘陵盡喬木　　구릉진교목
昭王安在哉　　소왕안재재

155) 자주, 여러 번

156) 나라를 열고 다스리는 것

157) 제갈량이 建興 12년(234) 군사를 이끌고 魏나라 司馬懿와 싸우다가 결국 五丈原에서 죽은 것을 말한다.

158) 옷깃을 가득 채우다.

159) 연 소왕이 鄒衍을 위해서 지은 碣石宮으로 유적지는 지금의 북경시 남쪽에 있음.

160) 연 소왕이 易水 동남쪽 80리 되는 곳에 지은 누대로, 누대 위에 千金을 두고 천하의 賢士들을 초빙했다고 함.

霸圖悵已矣　　패도창이의
驅馬復歸來　　구마복귀래

이 시는 〈계구람고증노거사장용시薊丘覽古贈盧居士藏用詩〉 7수 중 한 수이다. 계구(薊丘)는 계문(薊門)으로 전국시대 연나라 수도였던 곳인데, 시인은 무유의(武攸宜)를 따라 거란을 정복하러 갔을 때 자신을 선봉에 세워줄 것을 청했으나 무유의가 듣지 않자 실의에 빠져 있던 차에 이 계구를 지나다가 연나라 소왕 때의 일을 회고(歸)하며 읊었다 한다. 시인은 연나라 소왕이 인재를 예로써 대우한 일을 회고(歸)하면서, 자신은 현재 무유의에게 재주를 인정받지 못하여 포부를 펼칠 수 없는 것을 탄식하며 지었다. 맹호연孟浩然의 〈여제자등현산與諸子登峴山[161]〉이란 시를 읽어보자.

사람의 일은 바뀌고 바뀌기 마련
지난 일은 과거요 새로 오는 것은 지금.
강산에 명승고적 남아 있어
우리들은 다시 오르네.
물 빠져 어량주의 수위 낮아지고
날씨 차가우니 몽택(夢澤)이 깊어 보이네.
양공 추모비는 아직도 남아 있어
다 읽고 나니 눈물이 옷깃을 적시네.

人事有代謝　　인사유대사
往來成古今　　왕래성고금
江山留勝迹　　강산류승적
我輩復登臨　　아배복등림

161) 지금의 호북성 襄樊市에 있는 산 이름.

水落魚梁[162]淺　수락어량천
天寒夢澤[163]深　천한몽택심
羊公碑[164]尙在　양공비상재
讀罷淚沾襟　독파루첨금

현산(峴山)에 올라 양공의 추모비를 보고 진(晉) 무제(武帝) 때의 양공의 일을 회상하며(歸) 읊은 전형적인 회고시이다. 그 어진 양공도 지금은 이미 죽어 추모비만 남아 있는 것이다. "양공 추모비는 아직도 남아 있어, 다 읽고 나니 눈물이 옷깃을 적시네."라고 하여, 시 속에 기탁된 감개가 더 없이 처량한데, 시공 속에 존재하다 덧없이 소멸하는 인간사의 무상함을 잘 표현하고 있다. 두보의 〈팔진도八陣圖〉는 영사시 계열의 작품이다.

공적은 삼국을 덮고
명성은 팔진도로 이루어졌다.
강물은 흘러가도 돌은 구르지 않지만
오나라를 삼키려던 실책에 한을 남겼도다.

功蓋[165]三分國[166]　공개삼분국
名成八陣圖　명성팔진도

162) 襄陽 鹿門山 부근에 汚水 중간에 있는 모래섬 이름.

163) 습지 이름으로 지금의 동정호 북쪽 기슭 일대에 해당함.

164) 羊公은 晉 武帝 때의 羊祜인데, 그가 죽은 후 襄陽의 백성들이 그가 평소 유람하던 峴山에 그를 위한 비석과 묘당을 지어 해마다 제사를 올렸다 한다. 그 비석을 보는 자 눈물을 흘리지 않은 자가 없어, 이에 杜豫預 그것을 墮淚碑라고도 이름하였다고 함.

165) 압도하다는 의미

166) 위 오 촉 3나라

江流石不轉[167] 강류석부전
遺恨失呑吳 유한실탄오

팔진도는 삼국시대 제갈량이 사용한 진법으로, 지금의 사천성 봉절현(奉節縣) 서남쪽에 남아있는 팔진도의 유적지를 보고 과거에 제갈량이 오나라를 평정하지 못한 역사적 일을 회고(歸)하며 읊은 시이다. 왕창령王昌齡의 〈양원梁苑〉이란 시를 읽어보자.

양원의 가을 대나무엔 예전 그 안개
성 밖 바람 서글픈데 날은 저물려 하는구나.
만승의 깃발 지금 어디에 있는가?
평대의 손님을 누가 있어 아껴 주리오.

梁苑[168]秋竹古時烟 양원추죽고시연
城外風悲欲暮天 성외풍비욕모천
萬乘旌旗何處在 만승정기하처재
平臺[169]賓客有誰憐 평대빈객유수련

양원은 한(漢) 양효왕(梁孝王) 유무(劉武)가 지어 사마상여(司馬相如), 매승(枚乘), 추양(鄒陽) 등 문사를 상객(上客)으로 초대해 잔치를 벌이고 완상하던 정원이다. 그러나 시인이 그 곳에 왔을 때 예전의 그 화려한 모습은 찾을 길이 없어, 과거를 회상하며(歸) 인생 무상함을 읊조린 전

167) 팔진도를 쌓을 때 사용했던 돌이 아직도 굴러가지 않고 남아있다는 뜻.

168) 양원은 지금의 하남성 商丘城 동쪽에 있음.

169) 하남성 商丘縣 동북쪽에 있는데, 魯 襄公 17년에 宋의 皇國父가 지었다고 함. 한 양효왕이 사마상여 매승 추연과 평대에서 놀았다고 하며, 남조 宋의 謝惠連이 여기에서 雲賦를 지어 雲臺라고도 하고 修竹園이라고도 하였다 함.

형적인 회고시이다. 화려하고 좋았던 과거와 황량한 지금을 대비하여 읊고 있다. "만승의 깃발 지금 어디에 있는가? 평대(平臺)의 손님을 누가 있어 아껴 주리오."라고 하여, 화려한 과거와 대비해 쓸쓸한 지금을 읊조리고 있다. 중국인들은 과거는 항상 화려하고 좋았고 지금은 나쁘다는 식의 작품을 많이 지었는데, 이는 유가 복고주의(歸) 때문이 아닌가 한다. 이백의 〈월중람고越中[170]覽古〉란 시를 읽어보자.

월왕 구천이 오나라 격파하고 개선하니
병사들도 저마다 금의환향 하였다네.
봄날 꽃다운 궁녀들로 붐비는 궁전
지금은 황량하여 자고새만 나는구나.

越王勾踐破吳歸　월왕구천파오귀
戰士還家盡錦衣　전사환가진금의
宮女如花滿春殿　궁녀여화만춘전
只今惟有鷓鴣[171]歸　지금유유자고귀

과거 월왕 구천 때의 그 화려하던 곳이 지금은 황량하기 그지없다고 하며 과거를 회상(歸)하며 읊은 시이다. "(과거) 봄날 꽃다운 궁녀들로 붐비는 궁전, 지금은 황량하여 자고새만 나는구나."라고 하여, 과거와 대비해 현재의 황량한 모습을 읊고 있다. 과거 시절은 좋았고 현재는 나쁘다는 식으로 비교하여 읊은 것이 회고시의 전형인데, 이는 모호하게 유토피아 상태로 인식된 과거로 돌아가고픈(歸) 유가 복고주의의 영향 때문이라 할 것이다. 영사시 계열로 두목杜牧의 〈적벽赤壁[172]〉

170) 전국시대 월나라 수도 會稽를 가리키는 것으로, 지금의 절강성 紹興市임.

171) 중국 남방에 서식하는 새 이름. 꿩의 일종임.

172) 지금의 호북성 蒲圻縣 長江 연안에 있는 암벽. 漢 憲帝 建安 13년(205년) 曹

을 읽어보자.

부러진 창 모래밭에 묻혔으되 다 삭지 않아
깔끔히 닦아내니 옛 것임을 알겠네.
동풍이 주랑(周郎)편을 들어주지 않았던들
동작대 봄날에 이교(二喬)는 갇힌 신세 되었을 걸.

折戟沈沙鐵未銷	절극침사철미쇄
自將磨洗認前朝	자장마세인전조
東風不與周郎便	동풍부여주랑편
銅雀[173]春深鎖二喬[174]	동작춘심쇄이교

시인이 삼국시대 적벽대전이 일어난 곳을 돌아보며 그 때 일어난 일을 회상하며(歸) 읊은 전형적인 영사시이다. 중국의 많은 시인 묵객들이 이처럼 과거의 역사적 사건을 소재로 그것을 회상하며 인생의 무상함 혹은 세월의 덧없음을 읊었다. 그러나 이와 반대로 미래를 상상하거나(去) 혹은 미지를 탐구 개척하는(去) 마음으로 읊은 공상시 혹은 개척시 등의 미래지향적인 시는 별로 없다. 왕안석이 초패왕(楚霸王) 항우(項羽)의 일을 회상하며 읊은 영사시로 〈오강정烏江亭[175]〉이란 시를

操는 荊州를 점령한 뒤 그 여세를 몰아 곧장 동쪽으로 나아가 吳나라를 치려하였다. 이 때 오나라 장수 周瑜가 劉備의 군사와 연합하여 이곳에서 동남풍을 이용한 火攻策으로 조조의 백만 대군을 물리쳐 3국 정립의 새로운 국면을 조성하였다.

173) 건안 15년(207년) 조조가 세운 누대로, 지금의 하북성 臨漳縣 서쪽에 그 유적이 남아있다.

174) 오나라 喬氏집의 두 미녀로, 큰 딸은 吳王 孫策에게 둘째 딸은 周瑜에게 각각 시집갔다고 함.

175) 秦나라 때 양자강을 건너는 주요 나루의 하나였던 烏江浦(지금의 안휘성 和

읽어보자.

> 거듭되는 전투에 지쳐 장사는 구슬픈데,
> 중원에서 한 번 패해 세력 만회 어려웠다.
> 강동의 자제들 지금 있더라도,
> 어찌 군왕 위해 권토중래하겠는가?

百戰疲勞壯士[176]哀	백전피로장사애
中原一敗[177]勢難廻	중원일패세난회
江東子弟[178]今雖在	강동자제금수재
肯[179]爲君王卷土來	긍위군왕권토래

항우의 비장한 죽음에 대한 아쉬움은 여러 시인 묵객들에 의해 이렇게 영사시로 많이 읊어졌었다. 그러나 왕안석이 마지막 구에서 항우가 강동자제의 도움을 받아도 다시 재기할 수 없다고 읊은 것은 항우가 이미 민심을 잃었다고 보기 때문인 것으로 보인다. 이처럼 과거의 중요한 사건에 대해 회상하며(歸) 읊은 시는 한시의 주 주제가 되고 있다. 이와 다른 과거 젊은 시절을 추억한 회고시 부류로 이상은李商隱의 〈금슬錦瑟[180]〉이란 시를 읽어보자.

縣 동북쪽 양자강 기슭에 있음)에 설치한 역참. '亭'은 10리마다 두었던 역참을 뜻하며, 그 우두머리를 亭長이라고 했다. '烏'는 검다는 뜻인데, 나루터 부근에 검은 흙이 많았기 때문에 붙여진 이름이라 한다.

176) 항우를 가리킨다.

177) 항우가 垓下(지금의 안휘성 靈璧縣)에서 유방에게 최종적을 패한 것을 말한다.

178) 항우가 처음 기병할 때 함께 했던 강동의 젊은이들. 江東은 양자강 하류의 南岸 일대를 가리킨다.

179) 어찌 豈와 같은 뜻이다.

180) 아름다운 비단처럼 무늬가 그려져 있는 瑟

금슬은 무단히 50줄 있는데
한 줄 한 받침 기둥마다 화려했던 시절 생각하게 하네.
장자는 새벽꿈에 자신이 나비인가 어리둥절했고
촉(蜀)의 망제(望帝)는 여인 좋아했던 마음 두견새에 기탁했네.
푸른 바다에 달 밝을 때 교인(鮫人)이 눈물 흘려 진주가 되고,
남전(藍田)에 해 따스하면 옥돌에서 연기 피어오르네.
이러한 정들 어찌 추억이 될 수 있으랴
다만 옛날 일들은 아득하기만 한 것을

錦瑟無端五十絃	금슬무단오십현
一絃一柱思華年[181]	일현일주사화년
莊生曉夢未胡蝶	장생효몽미호접
望帝[182]春心[183]託杜鵑	망제춘심탁두견
滄海月明珠有淚	창해월명주유루
藍田日暖玉生煙	남전일난옥생연
此情可[184]待成追憶	차정가대성추억
只是當時[185]已茫然	지시당시이망연

이 시는 금슬처럼 아름다운 젊은 시절을 추억하며 지은 시로 보인다. 이 시에 나오는 나비의 꿈, 그리움에 우는 두견새, 창해의 진주, 남전의 옥 등은 모두 젊은 시절의 아름다운 추억을 상징한 것이다. 그런 시절을 추억하며 돌아가고픈 것이다. 또 다른 회고시 부류로 유우석劉

181) 화려했던 젊은 시절.

182) 周나라 말엽 蜀의 임금 杜宇. 그는 사랑하는 여인을 그리다가 죽어 두견새가 되었다고 한다.

183) 사랑하는 이를 그리는 마음.

184) 어찌. 豈의 뜻.

185) 젊은 시절.

禹錫(772-842)의 〈오의항烏衣巷[186]〉을 읽어보자.

주작교 언저리 야초(野草)에 꽃이 피고
오의항(烏衣巷) 어구에 석양이 비쳐든다.
옛날에는 왕(王)씨 사(謝)씨 귀족 집에 날아들던 제비
지금은 보통 백성 집에도 날아든다.

朱雀橋[187]邊野草花　주작교변야초화
烏衣巷口夕陽斜　오의항구석양사
舊時王謝堂前燕[188]　구시왕사당전연
飛入尋常百姓[189]家　비입심상백성가

늦은 봄 석양이 비치는 금릉(金陵) 고도(古都)의 거리에서 사라져간 옛날의 영화를 생각하며 무상함에 젖어 지은 일종의 회고시(歸)이다. 주작교와 오의항은 옛날에는 영화롭던 곳이었는데, 지금은 황폐하여 일반 백성들이 거주하는 거리로 변해 그 옛날 왕상귀족 집안에 날아들던 제비가 이제는 일반 백성 집에 날아든다고 하여 영고성쇠의 무상감을 느끼게 하고 있다. 옛날의 그 화려했던 지역이 이제는 황량하게 되었다고 읊고 있는 것이다. 이와는 반대로 옛날에는 황량했으나 지금은 화려하게 되었다 내지는 지금은 크게 성공했다는 식으로 읊는 한

186) 金陵에 있던 거리의 이름. 晉나라 때 이 거리에 王씨나 謝씨 등 귀족들이 살았는데, 이들 귀족 자제들이 모두 검정색 옷을 입고 다녔기 때문에 거리 이름을 '오의항'이라고 한다.

187) 오의항에 있는 다리로 朱雀門과 마주하고 있다.

188) 晉나라 때 영화를 누리던 王導 謝安 등의 권문세가들의 호화로운 저택 뜰에 날아들던 제비

189) 보통 백성

시는 거의 없다. 이는 유가 복고주의(歸)의 영향으로 항상 과거의 영화와 번성만을 읊고 또한 그것에 비해 현재에는 그 영화와 번성이 없어졌다든가, 혹은 그 때 한때를 풍미하던 영웅호걸이 지금은 어디에 있느냐 하며 거기에서 오는 인생무상과 세월의 무상함을 주로 읊는 것이 아닌가 한다. 이런 정서 아래 인걸은 간데없고 덤불만 무성하다는 식으로 읊은 한시는 부지기수이다.

이 세상에서 중국의 한시에서처럼 이렇게 회고적인 시가 많이 지어진 나라도 별로 없는 듯한데, 이는 항상 Utopia 상태로 인식되어진 과거로 돌아가고(歸) 싶어 하는 유가 복고주의와 깊은 관련이 있는 것으로 여겨진다. 이 때문에 중국인들로 하여금 영사시 영회시 영고시 회고시와 같은 많은 회고적인 시를 읊게 한 것이다. 그들은 시간을 거슬러 과거로 돌아가고(歸) 싶지, 시간의 흐름에 따라 미래로 가고(去) 싶지는 않은 것이다. 한시에 미래를 상상하여 읊은 미래지향적인 시나 상상력을 키우는 동시가 별로 없는 것은, 24절기를 주기로 수천 년 동안 순환 회귀적인 삶을 살아온 농경민족이란 점과 더불어 유가 복고주의의 영향 때문인 듯하다. 그러나 이와 반대로 서구시에는 미래를 이야기하고 미래의 희망을 이야기한 시가 부기지수이다.

10. 〈감회시感懷詩〉〈감우시感遇詩〉

한시 중에 감회시 감우시란 이름으로 지어진 작품이 적지 않다. 감회시 감우시란 시 작품의 주제로 붙여진 명칭이 아니고, 시인이 시사(時事)와 인생의 여러 문제에 부딪히며 일어난 자신의 감회를 읊은 작품들이다. 그러므로 감회시 감우시란 이름으로 지어진 작품 속에는 다양한 주제를 읊고 있다. 진자앙이 완적(阮籍)의 영회시에 영향을 받아 〈감우시感遇詩〉 38수를 지었는데, 그 중 제 2수를 읽어보면;

난초와 두약이 봄 여름에 자랄 때
풍성한 모습 어찌 저리 푸르렀던가?
그윽하게 홀로 빈숲에서 빛나고
붉은 꽃잎 늘어져 자줏빛 줄기 덮었어라.
천천히 해는 저물고
천천히 가을바람 생기네.
한 해의 꽃 다 흔들려 떨어졌으니
꽃다운 마음 끝내 무엇을 이루겠는가?

蘭若生春夏　난약생춘하
芊蔚[190]何靑靑　천울하청청
幽獨空林色　유독공림색
朱蕤[191]冒紫莖　주유모자경
遲遲白日晩　지지백일만
嫋嫋[192]秋風生　뇨뇨추풍생
歲華盡搖落　세화진요락
芳意竟何成　방의경하성

시인이 난초와 두약이 봄 여름에는 무성하여 피었다가도, 가을바람 불면 떨어져 영락해 가는 것을 보고 그것에 감회를 느껴 읊은 시이다. 봄 여름에서 가을로 흘러가기(去) 싫다. 왜냐하면 가을이 되면 난초와 두약은 모두 시들어 떨어지기 때문이다. "한 해의 꽃 다 흔들려 떨어졌

190) 풀이 풍성한 모양
191) 꽃잎에 늘어진 모양
192) 추풍이 천천히 불기 시작하는 모양

으니, 꽃다운 마음 끝내 무엇을 이루겠는가?"라고 하고 있다. 어떤 이는 이 시 속에서 시인 자신도 가을이 되면(시간이 흘러가면) 아름다운 이상을 실현할 수 없는 것을 비유한 것이라고 보기도 한다. 진자앙陳子昂의 또 다른 작품 〈등유주대가登幽州臺[193]歌〉를 읽어보자.

앞으론 옛 사람 볼 수가 없고
뒤로는 올 사람 볼 수가 없네.
천지의 무궁함을 생각하다가
홀로 슬픔에 젖어 눈물 흘린다.

前不見古人　　전부견고인
後不見來者　　후불견래자
念天地之悠悠　념천지지유유
獨愴然而涕下　독창연이체하

이 시는 등고(登高)하여 느낀 감회를 읊은 것으로, 광막한 천지간에서 느낄 수밖에 없는 인간의 고독감을 잡언체로 노래하고 있다. 건안풍골이 느껴지고 있다. 장구령의 〈감우〉 12수 중 제 4수는 시인이 큰 기러기와 비취새를 보고 거기에서 감회를 느껴 자신의 소회를 읊은 작품이다.

외로운 큰 기러기 바다로부터 와
연못과 웅덩이를 감히 돌아보지도 않네.
옆으로 두 마리 비취새를 보니
삼주수(三柱樹)에 깃들어 있다.
흐뭇하게 진기한 나무에 (앉아 있지만)

193) '燕臺'를 말하며 '薊北樓'라고도 불렀는데, 당나라 때 幽州에 속하였음으로 幽州臺라고도 하였다 함. 지금의 북경 서남쪽에 위치함.

탄환 맞을 두려움이 어찌 없으리.
고운 옷은 남의 손가락질 두렵고
뛰어난 재주 귀신이 싫어하는 법
나는 지금 아득히 멀리 (속세를 떠나) 노닐고자 하니
주살 따위 어찌 내 뒤를 따르리.

孤鴻[194]海上來　고홍해상래
池潢[195]不敢顧　지황불감고
側見雙翠鳥　측견쌍취조
巢在三珠樹[196]　소재삼주수
矯矯珍木巓　교교진목령
得無金丸懼　득무금환구
美服[197]患人指　미복환인지
高明逼神惡　고명핍신악
今我游冥冥　금아유명명
弋者[198]何所慕　익자하소모

큰 기러기와 비취새의 생태를 비교하여, 벼슬이나 하며 속세에 아등바등 얽매여 사는 비취새와 벼슬에 초연히 속세를 떠나 사는 시인 자신을 큰 기러기에 비유하여, 시인 자신의 고고함을 드러내고 있다. “고운 옷은 남의 손가락질 두렵고, 뛰어난 재주 귀신이 싫어하는 법”이니, “나는 지금 아득히 멀리 (속세를 떠나) 노닐고자 하니, 주살 따위 어찌 내 뒤를 따르리.”라고 하여, 벼슬에 연연하지 말고 속세를 떠나 자연으로

194) 무리와 헤어진 외로운 큰 기러기로 여기서는 시인 자신을 뜻함.
195) 연못과 웅덩이
196) 신화에 나오는 잎이 모두 구슬로 된 진기한 나무
197) 높은 벼슬하여 잘 사는 것을 뜻함.
198) 주살로 새를 잡는 사냥꾼

돌아가(歸) 그 곳에 은거하여 고고하고 유유자적하게 살겠다고 하고 있다. 한시에는 이처럼 어떤 사물이나 사건을 접하고 그 느낌을 읊은 감회시 감우시가 적지 않다. 이는 변화하는 자연현상에 굉장히 민감하게 반응하는 농경민족이였기 때문이 아닌가 한다.

11. 〈탄로시歎老詩〉〈인생무상시〉

한시에서처럼 늙음을 한탄한 시와 같이 시간의 흐름(去)이 주는 비애감을 읊조린 시, 그리고 시간을 거슬러(歸) 다시 젊은 시절(원형)로 돌아갈(歸) 수 없다는데서 오는 슬픔을 읊조린 시가 이렇게 많은 것도 이 세상에 별로 없는 듯하다. 시간의 흐름(去)을 강물의 흐름(去)에 비유하여 많이 읊고 있으며, 자신의 늙음을 가을의 쇠락함에 비유하여 많이 읊고 있다. 오석기吳錫騏의 〈송춘送春〉 2수 중 그 첫 번째 시를 감상해보자.

낙화(落花)와 나는 솜털이 안개 파도에 가득 찬 데,
구십춘광(九十春光) 지나감이 베틀의 북과 같도다.
종적을 해마다 어디 가서 찾을 것인가?
가면 갈수록 백발이 많아지는 것을.

落花飛絮[199]滿煙波	낙화비서만연파
九十春光去如梭[200]	구십춘광거여사
蹤跡[201]年年何處覓	종적년년하처멱
一回白髮一回多	일회백발일회다

199) 버드나무의 솜털 같은 꽃이 날아다니는 것

200) 북. 베틀에 있는 기구

201) 발자취

이 시에서는 봄이 빨리 지나가듯이 젊음(원형)도 지나가버리고, 늙음이 빨리 찾아온다는 안타까움을 읊조리고 있다. 시간의 흐름(去)이 주는 비애감이다. 중국인 그들은 왜 젊은 시절 그 젊음을 찬양한 시를 읊지 않고, 이처럼 항상 늙은 뒤에 다시 그 젊은 시절(원형)로 돌아갈(歸) 수 없다는데서 오는 비애감과 인생무상을 읊조리는 것일까? 남송시대 주자의 〈우성偶成[202]〉을 읽어보자.

소년은 늙기 쉽고 학문은 이루기 어렵나니
짧은 시간도 가볍게 여기지 마라.
연못가 봄풀의 꿈이 채 깨기도 전에
섬돌 앞 오동잎은 이미 가을 소리로다.

少年易老學難成　소년이노학난성
一寸光陰不可輕　일촌광음부가경
未覺池塘春草夢　미각지당춘초몽
階前梧葉已秋聲　계전오엽이추성

인생은 덧없이 빨리 지나가니 젊을 때 열심히 공부하라는 교훈적인 시다. 이 시에서도 시간이 지나가는(去) 것을 두려워하고 있다. 또 이백의 〈추포가秋浦[203]歌〉를 읽어보자.

백발은 삼천장이나 되는데,
근심 때문에 저리 길게 자랐을까.
맑은 거울 속을 바라보지만,
어디서 가을 서리(백발) 얻었는지 알지 못하네.

---

202) 뜻하지 않게 지어진 시란 뜻

203) 이백이 귀양 갔던 곳의 지명. 秋浦歌는 모두 17수인데 이는 그 중의 제 15수

白髮三千丈 백발삼천장
緣愁似箇[204]長 연수사개장
不知明鏡裏 부지명경리
何處得秋霜[205] 하처득추상

전형적인 탄로시(歎老詩)이다. 항상 원형으로 돌아가고픈(歸) 농경민족 중국인들의 기본적인 성향이 이렇게 늙은 후에 늙음을 한탄하고 또한 젊은 시절(원형)로 되돌아갈(歸) 갈 수 없다는 시를 읊게 한 것이다. 더구나 고향 떠난 객지에서 늙게 되면 그 비애감이 더욱 고조된다.

인생무상시 계열로 소식蘇軾의 〈화공밀주오절동란이화和孔密州[206]五絶東欄梨花[207]〉란 시를 읽어보자.

배꽃 담백하고 버들 짙푸르며,
버들 꽃솜 날릴 때 꽃은 성에 가득 차네.
동쪽 난간 한 그루 하얀 배꽃나무를 슬퍼하나니,
사람 삶에 몇 번의 청명절을 볼 수 있으리.

梨花淡白柳深青 이화담백류심청
柳絮飛時花滿城 류서비시화만성
惆悵[208]東欄一株雪[209] 추창동란일주설
人生看得幾清明 인생간득기청명

204) '如此'의 속어적 표현
205) 백발을 은유적으로 표현한 것임.
206) 소식의 후임으로 密州의 자사가 된 孔宗翰
207) 이 시는 5수의 연작인데 이는 그 3번째 작품임.
208) 가슴아파하고 슬퍼함.
209) 배꽃이 하얀 것을 눈에 비유함.

봄날같이 화려한 사람의 삶도 지나가면 그 뿐이고, 또한 그 좋은 청명(淸明)시절도 앞으로 인생에서 몇 번 오지 않을 것이라고 하면서, 인생의 무상함을 읊고 있다. 세월의 흐름(去)이 주는 비애감이다. 또 인생무상시로 대숙륜戴叔倫의 〈증은량贈殷亮〉이란 시를 읽어보자.

하루 하루 강가에서 물 흐르는 것을 보니,
가는 봄이 아쉬운데 다시 가을을 슬퍼하는구나.
산 속의 옛 집에는 머무는 사람 없는데,
속사(俗事)를 내왕하는 사이에 함께 흰 머리되고 말았군요.

日日河邊見水流　일일하변견수류
傷春未已復悲秋　상춘미이복비수
山中舊宅無人住　산중구택무인주
來往風塵[210]共白頭　래왕풍진공백두

속된 세상사를 살다가보니 문득 이미 함께 흰 머리되었다고 탄식하고 있다. 세월의 덧없는 흐름(去)에서 오는 인생의 무상함을 읊조린 시이다. 중국인 그들은 젊을 때 젊음을 찬양한 시를 별로 읊지 않고 항상 이렇게 늙은 후에 인생이 무상하다는 식으로 노래하고 있는 것이다. 세월의 덧없음과 인간 역사의 영고성쇠는 한낱 꿈과 같다고 하며 역사적인 일을 회고(歸)하며 읊은 시로 위장韋莊의 〈금릉도金陵[211]圖〉를 읽어보자.

강 위에 비 자욱이 내리고 강둑의 풀 가지런한데
육조(六朝)의 흥망 꿈만 같고 새는 부질없이 고운 소리 우네.

---

210) 세상 俗事

211) 지금의 南京市 및 江寧縣 일대

무정할 손 대성(臺城)의 버드나무
변함없이 십리 강둑 따라 연기처럼 하늘거리네.

江雨霏霏[212]江草齊　강우비비강초제
六朝如夢鳥空啼　육조여몽조공제
無情最是臺城[213]柳　무정최시대성류
依舊烟籠[214]十里堤　의구연롱십리제

옛 육조의 수도였던 금릉(金陵)의 풍경을 보고 그 감회를 읊은 작품으로, 강남(江雨), 강초(江草), 십리대성류(十里臺城柳)는 모두 예나 지금이나 변함없으나, 육조시대의 영화는 간 곳이 없다고 하며 대비시키고 있다. 자연 경물은 예나 지금이나 그대로이나, 그 옛날의 영화는 지금에는 온데간데없다고 이렇게 읊는 것은, 중국인 특유의 복고주의(歸) 경향 때문인 것으로 보여진다. 과거는 좋은 상태로 그리고 현재는 그 과거와 대비해 항상 나쁜 상태로 인식하고 있는 것이다. 그러나 이와 반대로 한시에 과거에는 나빴으나 현재는 좋아졌다는 식으로 읊은 작품은 거의 눈에 띄지 않는다. 항상 과거는 현재보다 좋은 것으로 인식한 것인데, 이는 유가 복고주의(歸) 영향으로 중국인들은 항상 과거를 회상하여 그 과거로 돌아가고(歸) 싶은 심정을 은연중에 드러내고 있다.

---

212) 가는 비가 자욱이 내리는 모양

213) 남경시 玄武湖가의 지명. 苑城이라고도 하며 옛날의 建康宮이 있었던 곳임.

214) 연기처럼 자욱이 서린 안개

12.〈자연시〉〈전원시〉〈산수시〉〈한적시閑寂詩〉〈산중우거시山中寓居詩〉〈은둔시隱遁詩〉

이 부류의 시들은 모두 자연을 그 주제로 읊은 작품으로, 이런 부류의 시들이 한시에서 가장 많은 분량을 차지한다. 현실을 항상 chaos 상태로 인식하여 그 현실을 벗어나 언제나 원형으로 복귀하고자(歸) 하는 중국인들은, 불교문화와 도가문화의 영향으로 현실에서 Utopia인 곳을 발견하였으니, 그 곳이 바로 자연이다. 자연이란 우리 인간들이 태어나고 언젠가는 죽어 되돌아가야(歸)할 모태요 원형인 곳이다. 일반적으로 "자연으로 돌아간다(歸)."라는 표현을 많이 사용하고 있는데, 이는 자연 그 곳이 우리가 돌아가야 할(歸) 원형임을 잘 나타내주고 있다 하겠다. 도연명의〈음주시飮酒詩〉20수 중 제 5번째 시를 감상해보자.

띠 풀 집을 사람 사는 경계에 맺으니,
수레와 말의 시끄러움도 없도다.
묻건대, 그대는 어찌 능히 그러할 수 있느뇨?
마음은 멀고 땅은 스스로 편벽되어 있도다.
동쪽 울타리 아래에서 국화를 뜯어,
아득히 남쪽 산을 바라보는 도다.
산의 기운은 저녁에 아름다운데,
나르는 새 서로 더불어 돌아오는 도다.
이 가운데 진실한 맛이 있으니,
말하고자 하나 이미 말을 잊어버렸도다.

結廬[215]在人境　결려재인경
而無車馬喧　이무거마훤

215) 띠풀 집을 짓다.

問君何能爾 문군하능이
心遠地自偏 심원지자편
采菊東籬[216]下 채국동리하
悠然見南山 유연견남산
山氣日夕佳 산기일석가
飛鳥相與還 비조상여환
此中有眞味 차중유진미
欲辯已忘言 욕변이망언

도연명은 전원 속에 진실한 맛이 있다고 했다. 그의 〈귀원전거歸園田去〉 제 1수 마지막 구절에 "오랫동안 새장 속에 갇혀 있다가, 다시 자연으로 돌아올 수 있었네.(久在攀籠裏, 復得返自然)"라고 하여, 현실적인 관리 생활을 속되다고 보고 그 현실을 벗어나 다시 자연(원형)으로 되돌아왔다(歸)고 읊고 있다. 한시에서 가장 많이 읊어진 시들은 이들 자연시 전원시 산수시 부류로, 중국인들이 이처럼 자연을 읊조리고 찬양하며 그 자연과 〈더불어 하나〉되어 살고자 하는 것은, 농경민족인 중국인들의 원형회귀(歸)적 심성 때문인 듯하다. 또 전원시 부류로 맹호연의 〈과고인장過故人莊〉을 읽어보자.

오랜 벗이 닭과 기장 준비하고
시골집에 오라 나를 청하였네.
푸른 나무들이 마을 가로 둘러져 있고
청산은 먼 교외에 비스듬히 보이네.
창 열어 채마밭과 마당을 마주하고
술 들어 뽕과 삼에 대해 이야기하네.
중양절 되기를 기다려

216) '동쪽 울타리'라는 뜻인데, 이 구절이 하도 유명하여 후에 국화를 가리키는 말로 변했음.

다시 와 국화를 가까이 하리라.

故人具鷄黍　　고인구계서
邀我至田家　　요아지전가
綠樹村邊合　　녹수촌변합
靑山郭外斜　　청산곽외사
開軒面場圃[217]　　개헌면장포
把酒話桑麻[218]　　파주화상마
待到重陽日　　대도중양일
還來[219]就菊花　　환래취국화

이 시는 전원시로 백묘(白描) 수법을 사용하여 질박하고 진실한 전가(田家)의 정서를 잘 표현하고 있는데, 시상이 시간의 흐름에 따라 전개되고 있다. 아늑한 전원으로 돌아가(歸) 전원과 〈더불어 하나〉되어 농사짓고 술 마시며 살고 싶은 것이다. 남송사람 육유陸游의 〈소원小園〉이란 시를 읽어보자.

지금은 이웃 영감님께 봄날 밭일을 배우고 있다.
마을 남쪽 마을 북쪽 비둘기 우는 소리 들리고,
나는 하늘 끝까지 천 리 만 리 여행하였으나,
논에 볏모가 물 위에 뾰족하게 나와 평평하게 펼쳐져 있다.

隣父[220]學春耕却從　　인부학춘경각종
村南村北鵓鴣[221]聲　　촌남촌북발고성

217) 타작하는 마당과 채마밭
218) 뽕나무와 삼
219) '가까이하다'라는 뜻으로 이 시에서는 감상하다는 의미
220) 이웃 노인
221) 비둘기의 일종

行遍天涯千萬里　　행편천애천만리
水剌新秧[222]漫漫平　　수자신앙만만평

시인이 벼슬길을 내놓고 고향으로 돌아와서(歸) 지은 시이다. 기와 승구에서는 평화로운 전원을 묘사하고, 전과 결구에서는 천 리 만 리 여행하는 유랑생활(去)을 마친 뒤 고향으로 돌아와(歸) 농사짓는 아늑한 전원생활을 노래하고 있다. 또 다른 자연시 부류로 이백의 〈배족숙형부시랑엽급중서고사인지유동정陪族叔刑部侍郎曄及中書賈舍人至游洞庭[223]〉이란 시를 읽어보자.

남호(南湖)의 가을 달밤 거울처럼 맑은데
배를 타고 곧장 하늘 위로 올라갈 수 없을까?
환상일랑 접어두고 동정호에서 달빛이나 얻어오자.
흰 구름 서린 곳 배타고 가서 술이나 사오자.

南湖[224]秋水夜無烟　　남호추수야무연
耐可[225]乘流直上天　　내가승류직상천
且就洞庭賖[226]月色　　차취동정사월색

222) 금방 모내기한 볏모

223) 당 肅宗 乾元 2년(759년) 가을, 이백이 夜郎(지금의 귀주성 貴陽)으로 유배가던 도중 대사면이 내려 다시 되돌아오던 길에 岳州(지금의 하남성 岳陽)에서, 嶺南으로 좌천되어 가던 族叔 李曄과 사소한 허물로 岳州司馬로 좌천되어 그 곳에 부임한 賈至를 만난 달 밝은 가을 밤에 3인이 함께 동정호에 배를 띄우고 회포를 풀며 놀았는데, 이 작품은 그 때 이백이 지은 5수의 7언 절구 중 제2수이다.

224) 동정호의 별칭. 호남성 岳陽市 서남쪽에 있는데 너비가 8백리나 된다고 한다.

225) '哪可', '安得'과 통하는데, '어찌 하면 .... 할 수 있을까?'라는 뜻이다.

226) '세내다 빌려 오다'는 의미로, 여기서는 동정호로부터 달빛을 얻어 오다는 의미.

將船[227]買酒白雲邊　장선매주백운변

아저씨 이엽(李曄)과 고지(賈至)를 만나 세 사람이 달 밝은 가을 밤 동정호에 배 띄우고 자연을 즐기며 회포를 풀고 있다. 달 밝은 가을 밤 그 맑은 자연과 〈더불어 하나〉되고 있다. 자연시 계열로 백거이白居易의 〈대림사도화大林寺[228]桃花〉란 시를 읽어보자.

사람 사는 마을 4월이라 꽃이 다 졌는데
산사에는 복사꽃이 이제야 활짝 피었네.
봄이 돌아간 곳 찾을 길 없어 안타까웠는데
그 봄이 산 중으로 옮겨온 줄을 나는 몰랐어라.

人間[229]四月芳菲[230]盡　인간사월방비진
山寺桃花始盛開　산사도화시성개
長恨春歸無覓處　장한춘귀무멱처
不知轉入此中來　부지전입차중래

이 시에서는 사람 사는 마을에서 잃어버린 봄을 산 중의 절에 와서 다시 찾아 기뻐하고 있다. 음력 4월 마을에는 꽃이 이미 졌지만 산 속에는 그대로 남아있어, 산사에서 그 봄의 경치와 〈더불어 하나〉되어 즐기고자 하고 있다. 또 다른 자연시 부류로 소상蘇庠(1100 전후)의 〈청강곡淸江曲[231]〉을 읽어보자.

---

227) 배를 저어 가서
228) 강서성 廬山 기슭에 있는 사찰
229) 사람사는 세상. 속세
230) 향기로운 꽃
231) 맑은 강의 노래

촉옥새 쌍으로 날고 물은 연못에 가득 차니,
창포 우거진 곳에서 원앙새가 목욕하네.
흰 마름풀 배의 노에 잔뜩 걸려 돌아옴이 늦은데,
가을은 갈꽃을 피워 양편 언덕은 서리가 내린 듯하네.
조각배를 언덕에 매고 숲 그늘에 의지하니,
살랑살랑 양 귀밑머리에 흰머리가 날리네.
만사를 상관치 않고 취했다 깨었다 하며,
언제까지나 안개와 물결을 점유하고 밝은 달을 즐기네.

屬玉[232]雙飛水滿塘　촉옥쌍비수만당
菰蒲[233]深處浴鴛鴦　고포심처욕원앙
白蘋[234]滿棹歸來晚　백빈만도귀래만
秋著蘆花兩岸霜[235]　추저노화양안상
扁舟繫岸依林樾　편주계안의임월
蕭蕭[236]兩鬢吹華髮　소소양빈취화발
萬事不理醉復醒　만사불리취부성
長占煙波[237]弄明月[238]　장점연파농명월

새들이 노니는 맑은 강의 모습이 눈에 선하다. 만사를 내팽개치고 이런 자연 속에서 밝은 달을 희롱하며 그런 자연과 〈더불어 하나〉되어 살고 싶은 것이다. 한시에서처럼 이렇게 자연 산수 전원 등등을 많이 읊조린 문학 장르도 전 세계문학사에서 드문 것으로 여겨지는데, 이는

232) 물새의 일종
233) 수초의 일종인 창포 종류
234) 물에 뜨는 개구리밥의 일종인 마름풀.
235) 양편 언덕이 서리내린 듯하다는 뜻
236) 바람이 살랑살랑 부는 모양
237) 안개끼고 물결치는 이 淸江을 오래 점령하겠다.
238) 밝은 달을 희롱하다.

자연 전원 산수가 바로 중국인들에게 항상 돌아가야 할(歸) 원형으로 이해되어졌기 때문이다. 자연과 흙과 〈더불어 하나〉되어 살아왔던 정통 농경민족 중국인들은 항상 이 때문에 그 자연으로 회귀(歸)하기를 희망했고, 또한 자연 전원 산수를 그리며 찬미하며 살아온 것이다. 이는 서구시에서 청춘남녀간의 사랑의 감정을 주로 읊은 연애시 부류가 가장 많은 분량을 차지하고 있는 것과는 대조를 이룬다 하겠다.

한적시 계열로 왕유王維의 〈죽리관竹里館[239]〉이란 시를 읽어보자.

그윽한 대숲 속에 홀로 앉아
금을 타다가 휘파람도 불어 본다.
깊은 숲이라 사람들은 알지 못하고
밝은 달빛이 찾아와 나를 비춘다.

獨坐幽篁[240]裡　독좌유황리
彈琴復長嘯　탄금복장소
深林人不知　심임인부지
明月來相照　명월래상조

청아한 정취가 고요한 분위기 속에서 잘 묘사되어 있는 이 시에서 시인은 속세를 떠나 대숲 속에서의 한적함 그 자체를 즐기고 있다. 대숲 속의 자연으로 돌아가(歸) 한적한 자연 그것과 〈더불어 하나〉가 되고 있는 것이다. 이런 한적시 혹은 선시(禪詩) 계열이 많이 지어진 것은 중국인들이 극도로 추구한 〈정심(淨心)에의 추구〉와도 관련이 깊다 하겠다. 한적시 계열로 한유韓愈(768-824)의 〈유항柳巷〉을 읽어보자.

239) 輞川 20景 중의 하나

240) 깊고 그윽한 대숲

버들 골목에 또 버들 솜 날리니
봄이 얼마나 남았을까?
아전들은 일을 보고하지 말라.
나는 송춘시(送春詩)나 지어야겠다.

柳巷還飛絮　류항환비서
春餘幾許時　춘여기허시
吏人休[241]報事　리인휴보사
公[242]作送春詩　공작송춘시

관직을 맡아 일을 보는 시인이 가는 봄이 아쉬워 아전들의 보고도 물리치고 한적하게 봄을 보내는 송춘시(送春詩)나 지어야겠다고 하고 있다. 세상 잡무를 물리치고 자연과 〈더불어 하나〉되어 즐기고 싶은 심정이 드러나 있다. 전원시 내지는 한적시라고도 할 수 있는 왕안석의 〈반산춘만즉사半山[243]春晩卽事〉란 시를 읽어보자.

봄바람은 꽃을 데려가 버리고,
나에게 시원한 그늘로 보답한다.
녹음이 우거진 언덕길은 고요하고,
가지가 얽혀 뜰과 집은 깊숙하다.
침상 펴고 늘 잠깐씩 쉬다가도,
지팡이에 삼신 신고 그윽한 곳 찾아 나선다.
오직 북산의 새만이,
지나가며 나에게 좋은 소리 보내온다.

---

241) '… 하지 말라'는 뜻

242) 시인 자신을 가리킴.

243) 왕안석이 은거한 곳의 명칭. 당시 그는 金陵城 동문으로부터 7리, 北山(지금의 紫金山)으로부터 7리 되는 곳에 있었기 때문에 '半山'이라고 했다.

春風取花去 춘풍취화거
酬我以淸陰 수아이청음
翳翳[244]陂路爭 예예피로쟁
交交[245]園屋深 교교원옥심
床敷每小息 상부매소식
杖屨亦幽深 장누역유심
惟有北山鳥 유유북산조
經過遺好音 경과유호음

늦봄의 은거지 주변을 읊은 시이다. 녹음에 싸인 언덕길과 거처를 덮고 있는 나뭇가지, 맑은 소리를 선사하는 북산(北山)의 새 등, 중앙 정계에서 물러난 시인의 이런 환경 속에서 살아가는 모습이 여유롭고 호젓하기도 하다. 중국 시인들은 항상 이처럼 한적한 전원으로 돌아가(歸) 여유롭게 즐기며 그 자연과 〈더불어 하나〉되어 살고 싶어 했다. 자연 속에서 삶을 유유자적하게 즐기는 한적시 계열의 작품으로 하지장賀知章의 〈제원씨별업題袁氏別業[246]〉을 읽어보자.

주인과는 서로 알 지 못하는데
수풀과 샘 옆(자연 속)에서 우연히 같이 앉았네.
술 사올 것 너무 걱정하지 마시게.
주머니 속에 스스로 돈이 있으니.

主人不相識 주인부상식
偶坐爲林泉 우좌위임천
莫謾愁沽酒 막만수고주

244) 어둑어둑해 분명치 않는 모양. 수목이 우거져 그늘이 진 모양.

245) 나뭇가지가 얼기설기 얽힌 모양.

246) 袁氏는 누구인지 알 수 없으며, 별업은 별장

囊中自有錢　낭중자유전

자연으로 돌아와(歸) 그 자연을 즐기며 자연과 〈더불어 하나〉되는 유유자적한 삶을 그리고 있다. 다른 한적시 계열로 왕유의 〈과향적사過香積寺〉를 읽어보자.

향적사는 어딘지도 모른 채
몇 리를 걸어 구름 속 봉우리로 들어갔네.
고목 우거져 사람 다닐 길도 없지만
깊은 산 어디선가 들려오는 종소리.
샘물 소리 깎아지른 바위에 오열하고
햇빛은 푸른 소나무에 차갑다.
해질녘 고요한 못 굽이에 앉아
선정에 들어 잡념을 잊는다.

不知香積寺[247]　부지향적사
數里入雲峰　수리입운봉
古木無人徑　고목무인경
深山何處鐘　심산하처종
泉聲咽危石[248]　천성인위석
日色冷靑松　일색랭청송
薄暮空潭曲　박모공담곡
安禪制毒龍[249]　안선제독룡

247) 장안 남쪽 神禾原에 있는 절로, 송나라 때는 開利寺라 불렀음.

248) 높고 가파른 바위

249) 《涅槃經》에 "다만 내 거처에 毒龍 한 마리가 있는데, 그 성질이 난폭하고 급해서 해를 끼칠까 두렵다.(但我住處, 有一毒龍, 其性暴急, 恐危害)"라고 했는데, 여기에서 毒龍은 사람 마음 속에 일어나는 탐욕과 욕망을 비유함.

왕유의 선시(禪詩)라고도 볼 수 있는 이 작품은 그 의경이 고요 침잠(沈潛)하다. 속세를 버리고 산사에 은거하여 고요히 도의 상태로 돌아온(歸) 것이다. 남송 양만리楊萬里(1127-1206)의 초여름 낮잠에서 깨어나서 느끼는 한적한 감정을 읊은 〈한거초하오수기閑居初夏午睡起〉를 읽어보자.

매실은 신맛이 있어 치아를 시큼하게 하고,
파초는 녹색 빛을 사창(紗窓)을 통해서도 보게 하네.
해는 긴데 자다 일어나니 아무런 감정이나 생각도 없어,
한가히 아이들이 버들 솜 잡으려는 것 구경하네.

梅子留酸軟齒牙[250] 매자류산연치아
芭蕉分綠[251]與窗紗 파초분록여창사
日長睡起無情思 일장수기무정사
閑看兒童捉柳花 한간아동착유화

낮잠 자다 깨어나서 느끼는 한가한 느낌을 평담하게 잘 묘사하고 있다. 중국 시인은 그가 사회시인이든 우국시인이든 관계없이 이렇게 한 두수 정도는 자연을 대하는 자신의 한적한 느낌을 시로 그려내고 있다. 자연과 〈더불어 하나〉되어 살고자 한 정통 농경민족 중국인들의 정서가 배여서 중국의 모든 시인들이 이렇게 자연을 대하는 자신의 한적한 느낌을 그려낸 자연시 한적시를 써낸 것으로 보인다.

맹호연의 〈야귀녹문산가夜歸鹿門山歌〉도 산중우거시 혹은 은둔시라

250) 치아를 시큼하게 하다, 치아를 시리게 하다.

251) 녹색을 나누어 주다, 곧 파초잎이 크게 자라 사창을 통해 파랗게 보이는 것을 형용한 말.

고 볼 수 있겠다.

산사의 종소리에 날은 이미 저물고
어량(漁梁) 나루터에 배 타려는 사람들의 떠들썩한 소리.
사람들은 모랫길을 따라 강마을로 향하고
나도 배를 타고 녹문산(鹿門山)으로 돌아간다.
녹문산의 밝은 달은 안개 피어있는 나무를 비추는데
어느새 방공(龐公)이 은거했던 곳에 이른다.
바위 문과 솔 길은 늘 고요한데
오직 한 은자만이 절로 오간다.

山寺鐘聲晝已昏	산사종성주이혼
漁梁[252]渡頭爭渡喧	어양도두쟁도훤
人隨沙路向江村	인수사로향강촌
余亦乘舟歸鹿門	여역승주귀녹문
鹿門[253]月照開烟樹	녹문월조개연수
忽度龐公[254]棲隱處	홀도방공서은처
巖扉松徑長寂廖	암비송경장적료
惟有幽人[255]自來去	유유유인자래거

이 시는 저녁에 녹문산으로 돌아가는(歸) 길에 본 풍경을 시간의 변화에 따라 순차적으로 묘사하고 있다. 은자는 녹문산에 은거하러 돌아 들어가고(歸) 있다. 자신의 정이나 감회를 직접적으로 읊고 있지는

252) 鹿門 근처에 있는 나룻터 이름

253) 맹호연이 은거했던 산으로, 지금의 호북성 襄陽縣에 있음.

254) 《後漢書・逸民傳》에 의하면, 방공은 龐德公으로 襄陽 사람인데, 荊州刺史 劉表가 여러 번 벼슬할 것을 청했으나 모두 거절하고 鹿門山에 처자를 이끌고 들어가 약초나 캐며 살았다고 한다.

255) 은자. 맹호연 자신을 가리킴.

않지만 고요한 경치 속에 시인의 욕심 없는 마음이 자연스럽게 담겨있다. 이백의 〈산중문답山中問答〉이란 시는 산중우거시 부류라고 볼 수 있다.

무슨 생각으로 푸른 산에서 사느냐구요.
웃으며 답하지 않으니 마음 스스로 한가하네.
물 따라 복사꽃잎 아득히 흘러가는데
달리 하늘과 땅이 있으니 인간세상이 아니로다.

問余何意棲碧山　　문여하의서벽산
笑而不答心自閑　　소이부답심자한
桃花流水窅然[256]去　　도화류수요연거
別有天地非人間[257]　　별유천지비인간

전과 결구는 도잠의 〈도화원기桃花源記〉의 의경을 묘사하고 있다. 시인은 티끌 같은 속세를 떠나 산중으로 돌아와(歸) 그 자연과 〈더불어 하나〉되고자 하고 있다. 이와 비슷한 분위기의 시로 태상은자太上隱者의 〈답인答人〉이란 시를 읽어보자.

우연히 소나무 밑에 와서
돌 베개 높이 베고 잠이 들었었거니
산중이라 달력도 없어
겨울이 지나긴 했는데, 가만있자 금년이 무슨 해더라?

偶來松樹下　　우래송수하
高枕石頭眠　　고침석두면

256) 멀리 아득히
257) 사람들이 사는 세상

山中無曆日　산중무력일
寒盡不知年　한진부지년

은둔시라고도 볼 수 있는 이 산중우거시에서 시인은 속세를 훌훌 떠나 아무 걱정이 없는 산중으로 돌아와(歸) 속세의 일을 까마득히 잊고 유유자적하며 은자처럼 살고 있다. "산중이라 달력도 없어 겨울이 지나긴 했는데, 가만있자 금년이 무슨 해더라?"라고 하여 속세의 세월이 흘러가는 줄 모르고 산속에서 자연과 〈더불어 하나〉되어 유유자적한 삶을 즐기고 있는 것이다. 가도賈島의 은둔시 내지는 은자시라고 할 수 있는 〈심은자불우尋隱者不遇〉란 시를 읽어보자.

소나무 아래에서 동자에게 물었더니
"스승님은 약초 캐러 가셨어요.
이 산중에 계시긴 하지만
구름이 자욱하여 계신 곳을 모르겠습니다."라고 말하네.

松下問童子　송하문동자
言師採藥[258]去　언사채약거
只在此山中　지재차산중
雲深不知處　운심부지처

온갖 부귀영화를 티끌같이 보고 그 속세를 훨훨 떠나 때 묻지 않은 이런 산중에 은거하면서 그 즐거움을 읊은 산중우거시 은둔시라 불릴 수 있는 시들이 중국 시인들에 의해 많이 지어졌다. 그들은 자연으로 전원으로 산수로 산중으로 돌아와(歸) 그것과 〈더불어 하나〉되는 그런

---

258) 약초를 캐다.

삶을 즐기며 유유자적하게 살고자 한 것이다. 봄날의 한적함을 읊은 두보의 〈절구絶句〉 2수 중 그 첫 수를 읽어보자.

나른한 날 강산이 아름답고
봄바람에 화초 향기롭구나.
진흙이 녹으니 제비 날고
모래가 따뜻해 원앙새 잠든다.

遲日[259]江山麗　지일강산려
春風花草香　춘풍화초향
泥融飛燕子　니융비연자
沙暖睡鴛鴦　사난수원앙

봄날의 경물을 잘 묘사하고 있는 이 시에서 시인은 따뜻한 봄날 그 봄 경물과 〈더불어 하나〉되고 있다. 백거이白居易의 〈모강음暮江吟〉을 읽어보자.

한 줄기 석양빛이 물 속에 번지니
강의 절반은 파르스름하고 절반은 붉구나.
9월 초 사흘 밤은 정말 아름다우니
이슬은 진주 같고 달은 활 같다.

一道殘陽鋪水中　일도잔양포수중
半江瑟瑟[260]半江紅　반강슬슬반강홍

259) 시간이 더디 가는 봄날
260) 원래 푸른 보석의 이름이나, 여기서는 햇빛에 비친 강물이 푸른색을 띠고 있음을 형용한 것임.

可憐[261]九月初三夜　가련구월초삼야
露似珍珠月似弓　노사진주월사궁

한 편의 추강모경도(秋江暮景圖)를 보는듯한 시이다. 시인의 정치한 필치로 인해 석양 무렵 강물의 기려(綺麗)한 경색이 눈에 보이고, 가을 달밤의 이슬이 주는 청량감이 느껴지는 듯하다. 이런 자연으로 돌아가(歸) 그 자연과 〈더불어 하나〉되고 있는 것이다. 한적시로 호령능胡令能의 〈소아수조小兒垂釣〉를 읽어보자.

더펄머리 총각 낚시 드리우고
이끼 낀 바위 곁에 풀로 몸 가리고 앉아있네.
길 가는 나그네 저만치서 손 흔들며 길 묻는데
행여 고기 달아날까 대답을 않네.

蓬頭稚子[262]學垂綸[263]　봉두치자학수륜
側坐莓苔草映身　측좌매태초영신
路人借問遙招手　로인차문요초수
怕得魚驚不應人　파득어경부응인

천진난만한 농촌 소년의 낚시하는 일상생활을 명랑한 필치로 묘사하고 있다. 한편의 한적한 전원풍경을 보는 것 같다. 시인은 이 시를 지음으로 그런 풍경과 〈더불어 하나〉되고 있다. 한유韓愈의 〈조춘정수부장십팔원외早春呈[264]水部張十八員外[265]〉란 시를 읽어보자.

261) 좋아할 만하다.
262) 더펄머리 어린아이
263) 낚시줄을 드리우다.
264) 바치다 증정하다.
265) 水部 員外郎 벼슬을 하는 張籍. 十八은 형제의 서열

장안 거리에 내리는 보슬비 우유 빛처럼 뽀얗고
멀리 파랗게 풀빛 번지는데 다가서면 사라지네.
일 년 봄 가운데서도 가장 좋은 때는
버드나무 가지 황도(皇都)에 하늘거리는 바로 이 때라네.

天街[266]小雨潤如酥[267]　천가소우윤여소
草色遙看近却無　초색요간근각무
最是一年春好處　최시일년춘호처
絶勝[268]烟柳滿皇都[269]　절승연류만황도

이 작품은 장경(長慶) 3년(823년) 초봄, 한유가 장안에서 이부시랑(吏部侍郎)의 벼슬에 있을 때 지은 것으로, 벼슬이 높고 신망이 두터워 평정한 심정으로 지은 것이어서 자못 청신하고 자연스러운 맛이 우러난다. 한유는 들판에 풀이 갓 돋아나기 시작할 무렵, 장안에 뽀얗게 보슬비가 내리고 들판에 버드나무 가지가 온 장안 거리에 하늘거리는 이때를 1년 중 가장 좋은 계절이라고 하며, 그 계절을 즐기며 또한 그 자연과 〈더불어 하나〉되고자 하고 있다.

266) 皇城. 장안의 거리
267) 양이나 소젖처럼 뿌연 액체
268) 월등히 좋다.
269) 황제가 있는 도읍

13. 〈사경시寫景詩〉〈경물시景物詩〉〈영물시詠物詩〉

두목杜牧의 〈산행山行〉을 읽어보자.

멀리 쓸쓸한 산 오르니 돌 길 경사져 있고,
흰 구름 생기는 곳에 인가가 있네.
수레 멈추고 앉아 황혼녘 단풍잎 바라보니,
서리 물든 잎 봄꽃보다 붉어라.

遠上寒山[270]石徑斜　원상한산석경사
白雲生處有人家　백운생처유인가
停車坐愛楓林晩　정차좌애풍림만
霜葉紅於二月花　상엽홍어이월화

가을날 황혼녘에 산길을 가며 붉게 물든 단풍을 바라보며 읊은 사경시(寫景詩)이다. 세련된 필묵과 선명한 색체를 통해 자연을 사랑하는 시인의 감정을 잘 보여주고 있는데, 특히 끝 2구는 名句로 '시중유화(詩中有畵)'의 평을 받고 있다. 한편의 수채화 풍경을 보는 듯한데, 자연과 내가 서로 분리된 것이 아니라 서로 구분이 없이 혼연일체가 되어 그 자연과 〈더불어 하나〉되고 있다. 경물시 혹은 사경시로 맹교孟郊(751-814)의 〈낙교만망洛橋[271]晩望〉을 읽어보자.

천진교(天津橋) 아래 얼음이 처음 얼고
낙양 길가엔 사람들 발걸음이 끊어졌다.
느릅나무 버드나무엔 잎새 성글고 누각은 한가한데

---

270) 늦가을의 산

271) 天津橋 洛水에 있는 浮橋로, 지금의 하남성 洛陽縣 서남쪽이 있다.

닭이 밝자 숭산(嵩山)의 눈이 바로 보인다.

天津橋下氷初結　　천진교하빙초결
洛陽陌上人行絶　　낙양맥상인행절
楡柳蕭疏樓閣閒　　유류소소누각한
月明直見嵩山[272]雪　　월명직견숭산설

한편의 수채화를 보는 듯한 느낌이다. 시인은 이런 경물을 읊음으로 그런 경물과 〈더불어 하나〉되고 있다. 또 백거이의 〈촌야村夜〉란 경물시(景物詩)를 한 수 읽어보자.

서리 맞은 풀들은 검푸르고 벌레 우는데,
마을 남쪽 마을 북쪽 모두 행인이 끊어졌네.
홀로 문 앞에 나가 들판을 바라보는데,
달이 뜨니 메밀꽃은 눈과 같구나.

霜草蒼蒼[273]蟲切切　　상초창창충절절
村南村北行人絶　　촌남촌북행인절
獨出門前望野田　　독출문전망야전
月出蕎麥[274]花如雪　　월출교맥화여설

마치 한 폭의 수채화를 보는 것 같다. 달빛 아래 메밀꽃이 하얗게 핀 시골 마을의 밤 풍경의 환상적인 정경이 눈에 보는 듯하다. 그들 중국인들은 이런 자연과 〈더불어 하나〉되어 살고 싶어 했다. 서구시에도 자연시 부류의 시가 적지 않지만, 그러나 중국에서의 자연시 부류는

272) 중국의 五嶽 중 中嶽으로 낙양의 동남쪽에 있다.
273) 생기를 잃은 검푸른 색깔
274) 메밀. 여름에서 가을까지 하얗게 꽃이 핌

월등히 많은 분량을 차지하고, 또한 그것에는 항상 자연으로 돌아가(歸) 모태 같은 그 자연과 〈더불어 하나〉되고자 하는 심정이 작품 내용 곳곳에 배어있다. 왕안석이 남쪽 포구를 묘사한 사경시 〈남포南浦〉에서도 자연을 너무나 사랑한 시인의 마음이 잘 묘사되어 있다.

남쪽 포구 동편 언덕 2월이 되면,
화려한 풍광 나를 꾀어 새 시를 짓게 한다.
파란 물결 바람 얼싸안고 반짝반짝 찰랑이고,
샛노란 버들가지 햇살 희롱하며 간들간들 늘어졌다.

南浦東岡[275]二月時	남포동강이월시
物華撩[276]我有新詩	물화료아유신시
含風鴨綠[277]粼粼[278]起	함풍압록린린기
弄日鵝黃[279]裊裊[280]垂	농일아황뇨뇨수

음력 2월이면 강남 지방은 봄기운이 가득하다. 살랑살랑 불어오는 봄바람에 찰랑거리는 파란 물결, 따스한 햇살을 희롱하듯이 간들거리며 늘어진 샛노란 버들가지, 이렇게 밝고 선명한 봄의 풍광은 시인의

275) 남쪽의 포구와 동쪽의 언덕.

276) 꾀다, 끌다, 유도하다.

277) 원래는 청둥오리 머리의 푸른색을 뜻하는 말이지만, 여기에서는 봄의 파란 물을 가리킨다.

278) 맑고 투명한 물속에 잠긴 돌이 반짝이는 모양을 말하지만, 여기서는 포구의 물결이 바람을 받아 반짝반짝 찰랑거리는 모습을 나타낸다.

279) 원래 거위의 샛노란 머리를 말하지만, 여기서는 갓 버들잎이 터져 나와 버들가지가 노랗게 물든 것을 가리킨다.

280) 원래 가늘고 길며 여리고 아름다운 모양을 말하지만, 여기서는 가늘고 긴 버들가지가 봄바람에 간들거리는 모양을 가리킨다.

시정(詩情)을 자아내게 만든다. 시인은 이런 좋은 봄의 풍광과 〈더불어 하나〉되어 즐기며 살고 싶은 것이다. 이 시는 대구가 아주 정교한데, 마지막 3 4구의 '含風(바람을 머금다)'과 '弄日(햇살을 희롱하다)', '鴨綠(파란 물결)'과 '鵝黃(샛노란 버들가지)', '粼粼(반짝이다)'과 '裊裊(간들간들하다)', '起(일어나다)'와 '垂(드리우다)'가 그것이다. 유종원(773-819)의 〈어옹漁翁〉이란 시를 읽어보자.

어부들 밤에 서산의 바위틈에서 지새고
새벽녘 상강(湘江)의 맑은 물 떠다가 초죽(楚竹) 꺾어 불 피우네.
연기 사라지고 해 돋더니 사람 보이지 않고
삐걱 노 젓는 소리에 산과 물이 온통 파랗기만 하네.
고개 돌려 하늘 끝 저쪽 바라보니 배 둥실 떠나가고
바위 위엔 무심한 구름만 오락가락.

漁翁夜傍西巖[281]宿	어옹야방서암숙
曉汲清湘[282]燃楚竹[283]	효급청상연초죽
烟鎖日出不見人	연쇄일출부견인
欸乃[284]一聲山水綠	애내일성산수녹
廻看天際下中流	회간천제하중류
岩上無心雲相逐	암상무심운상축

이 시는 유종원이 영주사마(永州司馬)로 좌천되었을 때 지은 시이다. 어부들의 자유롭고 한적한 모습을 그림을 그리듯 묘사한 사경시(寫景詩)로 시인의 마음속에 좌절감과 울적함이 가득 차 있다. 이처럼 한시

281) 永州의 西山
282) 맑은 湘江의 물
283) 초지방에서 자라는 대나무
284) 노 젓는 소리

에는 유배 혹은 좌천당했을 때 혹은 나그네 생활할 때 그 곳의 경치나 사람들의 생활을 묘사하여 읊은 시들이 많다. 그런 경치 혹은 그런 생활을 하는 사람들과 〈더불어 하나〉되는 욕망이 서려있다고 할 수 있다. 영물시(詠物詩)로 친구에게 선물 받은 수선화를 묘사한 황정견黃庭堅의 〈왕충도송수선화오십지흔연회심지작영王充道[285]送水仙花五十支欣然會心[286]之作詠〉이란 시를 읽어보자.

물결 위를 걷는 선녀가 물보라 일으키는 버선 신고
물위를 사뿐사뿐 초생달 아래 걷는 듯,
그 누가 이 애간장 끊이는 혼을 불러다가
싸늘한 꽃으로 심어 길러 한없는 시름 붙이게 하였는고?
향기 머금은 흰 몸은 성을 기울게 할 만큼 아름다우나,
산반(山礬)은 아우이고 매화는 형이라 할 만하네.
앉아서 대하고 있으려니 정말로 꽃 때문에 괴로워져서,
대문 나가 큰 강물 비껴 흐르는 것 보고 한번 웃어보네.

凌波仙子生塵襪　　능파선자생진말
水上輕盈[287]步微月[288]　　수상경영보미월
是誰招此斷腸魂　　시수초차단장혼
種作寒花寄愁絶[289]　　종작한화기수절
含香體素[290]欲傾城[291]　　함향체소욕경성

285) 술을 좋아하고 불교를 믿던 荊州(지금의 호북성 江陵) 사람
286) 마음에 꼭 드는 것
287) 아리따운 모양, 사뿐사뿐
288) 초승달, 버선 모양을 형용하기도 한다.
289) 시름이 대단한 것
290) 몸이 흰 것
291) 李延年의 〈佳人歌〉에서 인용한 고사, 굉장한 미인을 가리킨다.

山礬[292]是弟梅是兄　산반시제매시형
坐對眞成被花惱[293]　좌대진성피화뇌
出門一笑大江橫　출문일소대강횡

왕충도라는 친구에게서 수선화 50가지를 받고 기뻐서 그 수선화의 아름다움을 아주 세세하게 묘사한 시이다. 이처럼 한시에는 꽃이나 자연의 경물을 아주 세세하게 묘사한 작품이 적지 않다. 이렇게 꽃이나 자연의 경물을 세세하게 묘사한 것은 자연을 너무나도 사랑하고 그 자연과 〈더불어 하나〉되어 살고 싶어했던 농경민족이었다는 데 그 근본 이유가 있는 것이 아닌가 한다. 또 다른 영물시로 살구꽃을 너무나 세심하게 묘사한 왕안석의 〈행화杏花〉란 시를 읽어보자.

드넓은 수면에 징검다리 놓여 있고,
맑고 환한 물가에 띳집이 자리했다.
고개 숙여 여리고 고운 살구꽃 보니,
꽃이 그림자만 못한 것 같다.
어여쁘기는 진나라 경양비가,
웃음 머금고 궁중 우물에 빠져 있는 듯,
가슴 아프게도 잔물결 일어,
흐려진 화장 일그러져 고치기 어렵구나.

石梁[294]度空曠[295]　석양도공광
茅屋臨淸炯[296]　모옥임청형

---

292) 들꽃의 일종, 염료도 만들고 약재로도 쓰인다.

293) 꽃에게 괴로움을 당하다.

294) 냇물 가운데 돌덩이를 드문드문 놓아 만든 다리

295) 탁 트이고 넓다. 여기서는 개울의 수면이 넓은 것을 의미한다.

296) 맑고 환하다. 개울물이 햇살에 반짝이므로 '환하다'라고 표현했다.

俯窺嬌嬈[297]杏　부규교요행
未覺身勝影　미각신승영
嫣如景陽妃[298]　언여경양비
含笑墮宮井　함소타궁정
怊悵有微波　초창유미파
殘粧壞難整　잔장괴난정

시인은 물에 비친 살구꽃을 우물 속에 숨어 있던 경양비에 비겼다. 특히 "가슴 아프게도 잔물결 일어, 흐려진 화장 일그러져 고치기 어렵구나."라는 표현은 송대의 왕질(王銍)로부터 "조물주의 솜씨를 도리어 희롱했다.(倒弄造化手)"라는 극찬을 받았다 한다. 살구꽃에 대한 이런 정치(精緻)한 묘사는 그가 얼마나 자연을 사랑하고 있는가를 알 수 있게 한다. 자연을 너무나 사랑하고 그 자연과 〈더불어 하나〉되어 살고자한 정통 농경민족 중국인들만이 묘사할 수 있는 내용인 것이다. 또 다른 영물시로 국화를 노래한 황소黃巢(?-884)의 〈제국화題菊花〉란 작품을 읽어보자.

쏴쏴 서풍 부는 정원에 (국화) 가득 심었는데,
꽃술의 향기 차가와 나비가 오기 어렵네.
언젠가 내가 만약 봄의 신이 된다면
(국화를) 복사꽃과 함께 피어나게 보답하리라.

297) 여리고 곱다.

298) 景陽은 남조의 마지막 왕조인 陳나라 景陽宮을 가리키며, 景陽妃는 진나라 後主의 寵妃였던 張麗華와 孔貴賓을 가리킨다. 후주와 이 두 여인은 수나라 대군이 양자강을 건너 金陵을 칠 때 경양궁 안에 있는 우물 속에 숨어 피신했지만 결국 발각되어 포로로 잡혔다. 이 우물을 후세에 '辱井'이라고 불렀으며, 지금의 남경시 鷄鳴山 동쪽 기슭에 있다.

颯颯西風滿院栽　삽삽서풍만원재
蘂寒香冷蝶難來　예한향냉접난래
他年我若爲青帝[299]　타년아약위청제
報與桃花一處開　보여도화일처개

이 작품은 국화를 노래한 영물시라고 할 수 있겠는데, 그러나 자신의 처지를 국화에 비유해서 읊었다고도 볼 수 있다. 국화는 가을에 피어 찬 서리를 견디는 인내심과 고고한 품격을 갖추고 있지만, 봄에는 피지 않아 나비가 접근해오지 않으니 이에 자신이 봄의 신(靑帝)이 되어 국화를 복사꽃과 함께 봄에 피게 하겠다고 읊고 있다. 황소는 당말에 왕선지(王仙芝)의 반란군에 합세했는데, 왕선지가 죽은 후 그 농민 반란군의 영수가 되어 광명(廣明) 원년(元年)(880년)에 장안을 함락하고 스스로 황제에 즉위하여 국호를 대제(大齊)라 하였지만, 중화(中和) 4년(884년)에 관군에 패해 태산의 낭호대(狼虎臺)에서 자살한 인물이다. 농민반란인 이 황소의 난으로 말미암아 당이 급격하게 몰락하게 된다. 황소 자신은 찬 서리를 견디는 인내심과 고고한 품격을 갖춘 국화 같지만, 봄을 만나지 못해 나비(민중)를 끌어들이지 못해서 망하게 되었다고 읊고 있는 것이다. 이처럼 중국의 영물시 중에는 자기 자신을 시 작품 속의 사물에 비유하여 읊는 경우가 많았다. 한시에는 이처럼 자연 경물이나 꽃 등을 아주 자세하게 읊은 사경시 경물시 영물시가 적지 않지만, 서구시에는 이와 대조되게 어떤 한 사물이나 동물 혹은 사람을 묘사하여 읊은 시가 많다.

---

299) 봄을 주관하는 신

14. 〈탈속시脫俗詩〉〈현실에 초연한 시〉

인생이란 허무한 것이다. 고로 한시에는 이 허무한 삶에 집착하지 말고, 세속적인 삶을 티끌같이 보면서 현실을 초월해서 유유자적하는 삶을 동경하여 읊은 시가 많다. 이 역시 자연시, 전원시, 산수시, 한적시, 산중우거시, 사경시, 경물시 등의 부류와 마찬가지로 현실의 chaos 상태를 벗어나 유유자적한다는 점에서, 어떤 의미에서는 원형 상태로 복귀하지(歸) 못한다는 데서 오는 비애감을 극복했다고 볼 수도 있다. 소식의 〈화자유민지회구和[300]子由[301]澠池[302]懷舊〉를 읽어보자.

> 사람 삶이 처함에 이르러 무엇과 같음을 아는가?
> 응당 나르는 큰 기러기 눈 진흙 밟는 것 같으니.
> 진흙 위에 우연히 발자국을 남기나,
> 큰 기러기 날아가면 어찌 다시 동서를 헤아리리오?
> 노승은 이미 죽어 새 탑을 이루었는데,
> 벽을 허무니 까닭 없이 (노승이 쓴) 옛 시가 보이네.
> 지난날의 기구함을 아직도 기억하는가 아니한가?
> 길은 멀고 사람은 피곤한데 절뚝이는 노새 울부짖는구나.

人生到處知何似	인생도처지하사
應似飛鴻踏雪泥	응사비홍답설니
泥上偶然留指爪	니상우연류지조
鴻飛那[303]復計東西	홍비나복계동서

---

300) 和韻. 남의 시와 같은 운을 써서 시를 짓는 것

301) 동생인 蘇轍의 字

302) 하남성에 있는 지명

303) '何'와 같음.

老僧[304]已死成新塔[305] 노승이사성신탑
壞壁無由見舊題[306] 괴벽무유견구제
往日崎嶇還記否 왕일기구환기부
路長人困蹇驢[307]嘶 노장인곤건려시

기 승에서 인생이란 허무한 것이라고 하고 있다. 그러나 그는 이 허무한 인생에서 오는 비애감에 빠지지 않고, 전 결에서 삶의 현장을 초연히 떠나 지난날을 회고하는 즐거움에 잠겨있다. 그는 인생이란 도대체 무엇인가를 이미 알고 있기 때문에 그 삶에 집착하지 않고, 초연히 인생을 관조하는 도(道)의 상태로 돌아온(歸) 것이다. 왕유(王維)가 〈작주여배적(酌酒與裴迪)〉란 시의 끝 구에서 "세상일은 뜬구름 같은 것 어찌 족히 물으리오. 차라리 높이 누워 밥이나 더 드세.(世事浮雲何足問, 不如高臥且加餐)"라고 읊고 있듯이, 그는 허무한 세속의 삶을 버리고 초월자처럼 도의 상태로 돌아온(歸) 것이다. 이와 비슷한 거시적 안목에서 지은 두보의 〈망악望嶽〉이란 시를 읽어보자.

태산은 대저 어떠한가?
푸른 모습 제나라와 노나라에 끝이 없다.
조물주는 신령스럽고 빼어난 기운을 모아 놓았고
산의 앞쪽과 뒤쪽은 밤과 새벽을 갈랐다.
층층의 구름이 생겨나니 마음이 깨끗이 씻겨 지고
눈을 크게 뜨니 돌아가는 새가 바라다 보인다.
반드시 산의 꼭대기에 올라

304) 5년 전 이곳을 지나다가 신세진 奉閑이라는 스님을 가리킴.
305) 노승이 죽어 화장하여 부도탑을 만들었다는 뜻
306) 5년 전 절의 벽에 썼던 작품
307) 절름거리는 노새

뭇 산들이 작은 것을 한번 바라보리라.

岱宗[308]夫如何　　대종부여하
齊魯靑未了　　제노청미료
造化鐘神秀　　조화종신수
陰痒割昏曉　　음양할혼효
盪胸[309]生曾雲[310]　　탕흉생증운
決眥[311]入歸鳥　　결자입귀조
會當[312]凌絶頂　　회당능절정
一覽衆山小　　일람중산소

태산을 본 그 장대한 모습과 그것을 보고 느낀 감회를 표현한 것으로, 모든 속세의 것을 하찮게 보는 그의 시각이 드러나 있다. 왕유의 〈전원락田園樂〉이란 시를 읽어보자.

복숭아꽃 붉고 또한 밤비 머금으며,
버들은 푸르고 봄 안개 띄었도다.
꽃이 떨어지나 머슴은 쓸지 않고.
꾀꼬리 우는데 산의 객(客)은 오히려 잠만 자는 도다.

桃紅復[313]含宿雨[314]　　도홍복함숙우
柳綠更帶春烟　　류록경대춘연

308) 태산
309) 가슴을 후련히 씻다.
310) 層雲의 뜻
311) 눈가가 찢어질 듯이 눈을 크게 뜨는 것을 말함.
312) 반드시
313) 그리고 정도의 가벼운 어조사
314) 지난 밤부터 내리는 비

花落家僮[315]未歸　화락가동미귀
鶯啼山客[316]猶眠　앵제산객유면

아늑한 봄 풍경을 읊고 있는 자연시 부류라고도 볼 수 있다. 그냥 자연 속에서 속세를 초월해 이 좋은 봄에 잠자는 산의 객(客)은 현실에 초연한 道의 상태에 도달했다. 산의 객(客) 그는 현실에 초연한 상태에서 그 자연에 묻혀 자연과 구분이 되지 않는 그 자연의 일부분으로 원래상태(원형)로 돌아온(歸) 것이다. 이백의 〈우인회숙友人會宿〉이란 시도 속세를 벗어난 그의 거시적 삶의 추구를 엿볼 수 있다.

천고에 쌓인 시름 말끔히 씻어내 보고자
내리달아 1백병 술을 마신다.
이 밤 마땅히 우리 청담(淸談)이나 나누세.
휘영청 달까지 밝으니 잠잘 수도 없지 않은가?
얼큰히 취해서 텅 빈 산에 벌렁 누우니
하늘과 땅이 바로 이불이고 베개로다.

滌蕩[317]千古愁　척탕천고수
留連[318]百壺飮　유련백호음
良宵宜淸談　양소의청담
皓月未能寢　호월미능침
醉來臥空山　취래와공산
天地卽衾枕　천지즉금침

315) 머슴
316) 은자. 여기서는 시인 자신을 가리킨다.
317) 말끔히 씻어내다.
318) 연달아

기세가 도도하고 경계가 넓어 시선(詩仙)다운 풍모를 엿볼 수 있는 작품으로, 속세의 시름 술로 잊어버리고 자연을 즐기며 청담이나 나누자고 하고 있다. 망우물(忘憂物)인 술을 마셔 속세의 모든 근심과 시름을 잊어버리고 대자연 속에서 그 어디에도 얽매이지 않는 절대 자유의 거시적인 도의 상태로 돌아오고(歸) 있는 것이다.

15. 〈염정시艶情詩〉 〈기녀시〉 〈궁원시宮怨詩〉

염정시 부류로 어현기魚玄機의 〈기이억원외寄李億員外[319]〉란 시를 읽어보자.

(늦잠 자) 해 보기 부끄러워 비단 소매로 가렸나니,
봄에 시름겨워 일어나 화장하는 것도 게을리하는 도다.
값을 잴 수 없는 보물도 쉬이 구할 수 있지만,
마음에 있는 낭군은 얻기 어렵네.
베개에 엎드려 눈물 흘렸나니,
꽃 사이에서 남몰래 애간장 끊네.
스스로 그대를 몰래 훔쳐 볼 수 있으니,
어찌 반드시 첫사랑과 되지 않았다고 한스러워 하겠나?

羞日[320]遮羅袖　수일차나수
愁春懶起妝　수춘나기장

319) 작자는 李億의 소실이었는데, 본부인의 질투로 도사가 되었다함. 員外는 벼슬이름

320) 해 보기가 부끄럽다.

易求無價寶[321]　이구무가보
難得有心郞　난득유심랑
枕上潛垂淚　침상잠수루
花間暗斷腸　화간암단장
自能窺宋玉[322]　자능규송옥
何必恨王昌[323]　하필한왕창

이억(李億)의 소실되는 여성이 본부인의 질투 때문에 사랑하는 이억과 사랑을 끝까지 이루지 못하고 나중에는 도사가 되었다고 하는데, 이 작품은 그것을 어현기(魚玄機)라는 시인이 읊은 것이라고 한다. 사랑하는 님(이억)을 그리워하는 감정이 잘 그려져 있다. 그녀는 다시 그 님과 사랑을 나누던 옛날로 돌아가고픈(歸) 것이다. 이상은李商隱(813-858)의 〈무제無題〉 4수 중 제 2수를 읽어보자.

살랑살랑 부는 봄바람에 보슬비 내리고
부용당 밖에는 가벼운 천둥소리
금 두꺼비가 쇄환을 물어도 향불 스며들고
옥 호랑이는 끈을 끌면서 우물물을 길어 올린다.
가(賈)씨는 한연의 젊은 모습 주렴 사이로 엿보았고
복비는 위왕(魏王)의 재주 사랑하여 베개를 주었지.
춘심을 꽃과 함께 다투어 피우지 말아라.
한 치 사랑하는 마음이 한 줌 재가 되어 버리니.

颯颯[324]東風細雨來　삽삽동풍세우래

321) 값을 매길 수 없는 보물
322) 초나라 辭人으로 屈原의 제자라고 함. 미남으로 이웃 여자들이 훔쳐보았다고 하는데 여기서는 李億을 비유함.
323) 누군지는 확실하지 않으나, 결혼 전 첫사랑을 말함.

芙蓉塘外有輕雷　　부용당외유경뢰
金蟾齧鏁[325]燒香入　　금섬설쇄소향입
玉虎[326]牽絲汲井廻　　옥호견사급정회
賈氏窺簾韓掾少[327]　　고씨규렴한연소
宓妃留枕魏王才[328]　　복비류침위왕재
春心莫共花爭發　　춘심막공화쟁발
一寸相思一寸灰　　일촌상사일촌회

기녀풍의 염정시라고 할 수 있는데, "춘심을 꽃과 함께 다투어 피우지 말아라. 한 치 사랑하는 마음이 한 줌 재가 되어 버리니."라고 하여,

---

324) 바람이 부는 소리

325) '金蟾'은 금두꺼비 모양을 한 향로로, 두꺼비는 나쁜 습기를 제거한다 하여 옛사람들이 그 모습으로 향로를 제조하였다 한다. '齧鏁'는 두꺼비가 입에 鏁環을 물고 있는 것을 말한다.

326) 玉石으로 호랑이 형상을 만든 우물의 도르레. 일설에는 井欄의 장식물이라고도 한다.

327) 賈氏는 西晉 初 대신인 賈充의 次女이고, 韓掾은 賈充의 屬官이던 韓壽이다. 《世說新語·惑溺篇》에 "賈充의 딸은 아버지가 잔치를 베풀 때 발 틈으로 韓壽의 아름다운 용모를 보고 반하여 그와 정을 통하였다. 뒤에 이 일이 발각되어 賈充은 이 사실을 숨기고 韓壽를 사위로 삼았다고 기록되어 있다.

328) 宓妃는 고대 신화에 나오는 황제 伏羲氏의 딸로 洛水에 빠져 죽어 洛神이 되었다고 한다. 여기에서는 曹丕의 황후였던 甄氏를 가리킨다. 魏王은 曹植인데, 위왕과 견씨의 고사에 대해서는 《文選·洛神賦》에 魏 東阿王 曹植은 甄逸의 딸에게 반하여 자기의 妃로 삼으려 했으나, 曹操가 그녀를 曹丕에게 시집보냈다. 후에 甄后가 죽은 뒤, 조비는 그녀의 유물인 베개를 조식에게 보여주니 이에 조식은 눈물을 흘렸다. 그 뒤 조식은 돌아가는 길에 洛水에서 甄后의 영혼을 만나게 되는데, 그녀는 그에게 '저는 원래 전하께 마음을 두었읍니다마는 소원대로 되지 못했읍니다. 이 베개는 제가 시집갈 때 가지고 간 것으로 전에는 曹丕와 함께 사용하였지만 이제부터는 전하와 함께 하렵니다.'하고 사라지자. 조식이 그 일을 생각하고 喜悲의 감정을 이기지 못하고 〈洛神賦〉를 지었다고 기록되어 있다.

결구에서 사랑하지 말라고 하고 있다. 사랑하는 이가 떠나가 버리면(去) 결국에는 그를 그리워하는 마음에 마음은 한 줌의 재가 될 것이니 남정네를 사랑하지 말 것이라고 하고 있는 것이다. 또 다른 그의 염정시로 〈무제無題〉를 읽어보자.

만나기도 어렵지만 헤어지기도 또한 어려워.
동풍에 기운 없이 온갖 꽃들 시들었지.
봄누에는 죽어야만 겨우 실 토하길 다하고
촛불은 재가 되어야 눈물 비로소 마르리.
새벽에 거울 보며 오직 구름 같은 머리털 세는 것 근심하며
밤에 읊조리다가 응당 달빛 차가움 느끼리라.
봉래산은 여기서 멀지 않으니
파랑새야 넌지시 나를 위해 찾아봐 주려무나.

相見時難別亦難　　상견시난별역난
東風無力百花殘　　동풍무력백화잔
春蠶到死絲方盡[329]　　춘잠도사사방진
蠟炬成灰淚始乾[330]　　납거성회루시건
曉鏡但愁雲鬢改　　효경단수운빈개
夜吟應覺月光寒　　야음응각월광한
蓬萊[331]此去無多路　　봉래차거무다로
青鳥殷勤爲探看　　청조은근위탐간

---

329) 봄누에가 실을 토해내는 것을 비유한 것으로, 堅貞한 사랑은 죽은 후에야 비로소 그치게 될 것이라는 뜻이다. '絲'와 '思'는 발음이 같기 때문에 끝없는 사랑 혹은 그리움과 시름을 나타내는 雙關語이다.

330) '淚'는 촛농과 눈물을 동시에 나타내는 雙關語이고, '灰'는 잿빛의 절망과 우울을 상징적으로 표현하고 있다.

331) 전설상 동해 한가운데 있다는 三神山 중의 하나로, 여기서는 시인이 사랑하는 사람을 신선에 견주어 그가 사는 곳을 미화한 표현이다.

이 시는 별리(別離)와 그로 인한 상사(相思)의 정을 그린 염정시로, 감내하기 힘든 이별의 한과 종생토록 바래지 않는 추억, 그리고 다시 만날 기약이 없는 시인의 애상(哀傷)이 절실하게 그려져 있다. 헤어짐과 그리움 그리고 다시 만날 수 없다는데서 오는 비애감, 이런 것들에는 모두 헤어지기(去) 싫고 또한 다시 돌아가(歸) 만나고 싶다는 정서 아래에서 이루어진 것들이다. "봉래산은 여기서 멀지 않으니, 파랑새야 넌지시 나를 위해 찾아봐 주려무나."라고 하여, 봉래산에 계신 님을 파랑새가 자신을 대신하여 찾아봐 주기를 바라고 있다. 봉래산에 계신 님이 돌아와(歸) 그 님과 아름다운 사랑을 나눈 시절로 돌아가고픈(歸) 것이다. 이백이 양귀비의 아름다운 자태를 묘사하여 노래한 〈청평조사淸平調詞〉 3수 중 그 첫 수를 읽어보자.

구름 같은 옷차림 꽃다운 모습
봄바람 난간을 스치고 이슬 맺힌 꽃 아리땁다.
만약 군옥산에서 만나는 선녀가 아니라면
요대 달빛 아래서나 만날 수 있는 미인이어라.

春風拂檻露華濃　　춘풍불함노화농
若非群玉山[332]頭見　　약비군옥산두견
會向瑤臺[333]月下逢　　회향요대월하봉
雲想衣裳花想容　　운상의상화상용

이 시는 당 현종이 양귀비와 침향정(沈香亭)에 핀 모란꽃을 감상하면서 흥을 돋우기 위해 장안에서 공봉한림(供奉翰林)을 지내던 이백을 불

332) 전설 속의 西王母가 산다는 곳
333) 구슬로 된 누대로 서왕모가 산다고 함.

러 악장을 짓게 하고 이를 청평조에 맞춰 연주한 것이라 한다. 양귀비의 어여쁜 자태를 묘사하고 있는데, 한시에는 이런 염정시 부류가 많다. 이상은의 〈항아嫦娥〉란 시를 읽어보자.

운모 병풍에 촛불 그림자 가물가물
은하수 차츰 사라지고 새벽별 흐릿하다.
항아(嫦娥)는 불사약 훔친 것 후회하리라.
푸른 바다 파란 하늘에서 밤마다 시름에 젖게 되었으니.

雲母屛風燭影深	운모병풍촉영심
長河[334]漸落曉星沈	장하점락효성침
嫦娥[335]應悔偸靈藥	항아응회투령약
碧海靑天夜夜心	벽해청천야야심

서왕모의 불사약을 훔쳐 달로 달아나 달의 신이 되었다는 항아(嫦娥)가 그것을 후회하며 밤마다 외로워 시름에 젖게 될 것이라고 하고 있다. 이는 시인 자신의 처지를 항아에 이입시킨 것인데, 시인 자신이 님과 떨어져 홀로 규방에서 외로이 고독감에 젖어있는 슬픔을 노래하고 있다. 님과 항상 함께 하고픈 심정이 깊게 배여있다. 이와 비슷한 궁원시(宮怨詩) 계열로 두목杜牧의 〈추석秋夕〉을 읽어보자.

은촉의 가을빛에 차가운 그림 병풍
가벼운 비단으로 만든 작은 부채로 반딧불을 쫓는다.

334) 은하수
335) 后羿의 妻인데, 后羿가 西王母에게서 불사약을 얻었는데, 그녀가 그것을 훔쳐 먹고는 혼자 달나라로 도망가서 月宮에 살았다고 한다. 후에 嫦娥는 달의 代稱을 쓰였다.

섬돌가의 밤 빛, 서늘하기가 물과 같은데
앉아서 견우성과 직녀성을 바라본다.

銀燭秋光冷畵屛　　은촉추광랭화병
輕羅小扇撲流螢　　경라소선박류형
天階[336]夜色凉如水　　천계야색량여수
坐看牽牛織女星　　좌간견우직녀성

이 시는 궁중에서 가을밤을 맞은 어느 궁녀가 느끼는 무료함과 번뇌를 읊은 작품으로, 자신을 서로가 서로를 사랑하면서도 떨어져 있는 견우와 직녀에 견주고 있다. 님(임금)에게 내쳐 친 궁녀의 한과 쓸쓸함이 짙게 배여있는 작품이다. 서로 사랑하면서도 떨어져 있는 견우와 직녀처럼 이제는 혼자 있기가 싫고, 그 님(임금)과 정을 서로 주고받던 옛 시절로 되돌아가고픈(歸) 심정이 작품 속에 짙게 깔려 있다. 전체적으로 차가운 분위기가 느껴지는데, '은(銀)', '랭(冷)', '량(凉)'이란 시어가 그것을 나타내고 있다. 궁원시 계열로 왕창령王昌齡의 〈장신추사長信秋詞〉 5수 중 제 3수를 읽어보자.

새벽에 청소하며 금전(金殿)을 열어놓고
둥근 부채 들고서 잠깐 동안 서성인다.
옥 같은 내 얼굴이 까마귀보다 못하니
까마귀는 그래도 소양궁(昭陽宮)의 아침 햇살 띠고 오는 것을.

奉帚[337]平明金殿開　　봉추평명금전개
且將團扇共徘徊[338]　　차장단선공배회

336) 황궁의 石階. 일설에는 '露天의 石階'로 풀이하기도 함.

337) '공경스럽게 빗자루를 들다.'라는 뜻으로, 장신궁을 청소하는 것을 말함.

338) 잠시 부채를 들고 배회한다는 뜻으로, 궁궐을 청소한 뒤 느끼는 宮妃의 적막

玉顏不及寒鴉色　　옥안부급한아색
猶帶昭陽[339]日影來　　유대소양일영래

반첩여(班婕妤)는 본래 한 성제(成帝)의 총애를 받았으나 뒤에 성제가 조비연(趙飛燕)을 총애하자, 그녀는 장신궁(長信宮)에 가서 태후(太后)를 시봉(侍奉)하게 된다. 이 시는 바로 그 고사를 빌려 총애를 잃은 궁녀의 처량한 신세를 읊고 있는데, 더위가 가면 부채는 버림받지만 까마귀는 임금이 있는 소양궁으로 마음대로 갈 수 있다고 읊고 있다. 다시 성제의 총애를 받아 함께 사랑을 나누던 옛 시절로 돌아가고픈(歸) 것이다.

중국에서 염정시 기녀시 부류가 많이 지어진 것은 속된 현실을 떠나 기녀의 품에 안겨 그 속된 현실을 잊고 도피하려는 데에 원인이 있는 것으로 여겨지는데, 현실에 적극 참여하기보다는 도피해 기녀의 품으로 돌아가(歸) 현실을 잊고자 한 것이다. 중국에서 자연을 그 주제로 한 시(자연시, 전원시, 산수시, 한적시, 산중우거시, 은둔시, 사경시, 경물시 등)가 가장 많이 지어졌다고 하면, 서구시들은 청춘남녀간의 사랑의 감정을 주로 읊은 연애시가 가장 많이 지어졌다고 할 수 있다. 그 서구의 연애시들도 중국의 규원시, 기녀시, 염정시, 궁원시 부류와는 그 풍격이 완전히 다르다.

한 심정으로 묘사한 것으로 班婕妤의 〈怨歌行〉의 내용을 암용하고 있다.

339) 漢 成帝와 趙飛燕 자매가 거처하던 궁궐 이름.

16. 〈사회시社會詩〉〈풍유시風喩詩〉

이 부류의 시들은 민중들의 고난과 탐관오리들의 포악함 그리고 현실의 모순을 직시하여 그것을 그대로 사실적으로 묘사하고 있다. 그러나 이 부류의 시들은 민중들의 고난과 탐관오리들의 포악함 그리고 현실의 모순 그 자체를 있는 그대로 사실적으로 슬프게만 묘사할 뿐, 서구의 사회시 참여시 저항시에서처럼 현실의 모순을 타파하는 비전(해결책)을 제시하는 '나를 따르라.', '깃발을 높이 들어라.', '들고 일어나라.', '앞으로 나가 쳐부수어라.', '노예가 되기 싫은 자 함께 나서자', '앞으로 희망의 나라로 전진하자'와 같은 시구가 전혀 나타나고 있지 않다. 이들 중국의 사회시 풍유시 고발시가 현실의 모순과 민중의 고난을 그냥 슬프게만 묘사하고 있다는 점에서는 기타 한시 부류와 공통적이라 할 수 있다. 농경민족인 중국인들의 원형회귀(歸)적인 심성이 서구 사회시 참여시 저항시에서 흔히 보이는 현실의 모순을 해결하고 그 비전을 제시하는 미래지향적(去)인 요소를 거부했으리라 여겨진다. 두보의 〈춘망春望〉을 읽어보자.

나라는 부서져도 산하는 여전하고,
성에 봄이 오니 초목만 무성하구나.
때를 느껴 꽃을 보며 눈물 뿌리니,
이별을 한스러워 하는데 새가 마음을 놀라게 하는구나.
봉화가 3달이나 이어지고,
집에서 온 편지는 만금에 해당한다.
흰 머리는 긁어 더욱 짧아지고,
거의 비녀조차 이기지 못하는구나.

國破山河在　　국파산하재

城春草木深　성춘초목심
感時花賤淚[340]　감시화천루
恨別鳥驚心　한별조경심
烽火連三月　봉화연삼월
家書抵萬金　가서저만금
白頭搔更短　백두소경단
渾欲不勝簪　혼욕부승잠

봄에 안사의 난으로 인해 폐허가 된 곳에서 지난날을 회고하면서, 시국을 근심하고 처자들을 그리워하고 있다. 현실의 chaos 상태를 슬프게만 읊는 것은 기타 한시들과 공통적이다. 또 조송曹松의 〈기해세己亥歲[341]〉 제 1수란 시를 읽어보자.

못이 많은 나라와 강산에 전쟁에 드니,
백성들이 어찌 즐겨 장작패고 풀베기를 계획하리오.
그대에게 부탁하노니 제후에 봉해지는 일 말하지 말게나.
한 장수가 무공을 세우려면 무수한 병사 죽어야 한다네.

澤國[342]江山入戰圖[343]　택국강산입전도
生民何計樂樵蘇[344]　생민하계낙초소
憑君[345]莫話封侯事　빙군막화봉후사
一將功成萬骨[346]枯　일장공성만골고

340) 눈물을 뿌리다.
341) 僖宗 乾符 6년(879)임.
342) 擇地가 많은 지방 즉 水鄕.
343) 전쟁이 행해지는 지역.
344) 나무하기와 풀베기. 최저 한도의 생활을 뜻함.
345) 그대에게 바란다.
346) 셀 수 없이 많은 병졸들의 목숨.

장수가 무공을 세우기 위해서는 무수한 병사를 죽어야 하니, 그대는 제후가 되길 바라지 말라고 충고하는 내용이다. 백성들을 고난에 빠뜨리는 전쟁을 비난하는 사회시라고 할 수 있다. 짧은 사회시 고발시로 매요신梅堯臣(1002-1060)의 〈도자陶者〉란 시를 읽어보자.

집 문 앞의 흙은 질그릇으로 다 구워 내었건만
그대 집 지붕 위엔 기와 한 조각 없네.
열 손가락에 진흙 묻히지 않는데도
고래등같은 기와집에 사는 이 있건만!

陶盡門前土　도진문전토
屋上無片瓦　옥상무편와
十指不霑泥[347]　십지부점니
鱗鱗[348]居大廈[349]　인린거대하

열심히 일하며 고생하는 독짓는 사람은 자신의 집 지붕 위에 얹을 기와 한 조각 없는데, 손에 진흙 한번 묻히지 않고 살아온 관리들은 고래등같은 기와집에 살고 있다고 비꼬고 있다, 이처럼 한시에는 비꼬고 고발하고 알리는 시는 있을지 몰라도, 이런 모순을 타파하려는 적극적인 내용으로 이루어진 시는 없다고 할 수 있다. 이는 항상 회귀하고자(歸) 한 농경민족 중국인들의 기본적인 심성이 모순을 해결하고 타파하며 앞으로 나가는(去) 경향을 막은 것이 아닌가 한다. 또 다른 고발시로 남송의 우국시인 유극장劉克莊(1187-1269)의 〈고한행苦寒行[350]〉

347) 진흙을 묻히다.

348) 물고기 비늘이 가지런히 있는 모양. 기와 모양을 형용한 것이다.

349) 큰 집

350) 본시 相和歌辭 淸調曲에 속하는 옛 악부 이름, 樂府舊題를 빌어 자신의 감상

을 읽어보자.

10월의 변방은 날씨가 고약한데,
관군들 몸에 걸친 옷은 얇기만 하네.
의복 담당 특사는 올 건가 안올 건가?
밤은 길고 갑옷은 차니 잠 이루기 어렵네.
서울 성안에는 고관들이 많은데,
호화로운 대문은 해가 높이 떠도 열리지 않네.
겹겹이 포장치고 발치고 병풍까지 둘러놓고,
술 취해서 병풍 밖 추운 줄은 알지도 못하네.

十月邊頭[351]風色[352]惡　시월변두풍색악
官軍身上衣裘[353]薄　관군신상의구박
押衣勅使[354]來不來　압의칙사래불래
夜長甲冷睡難着　야장갑랭수난착
長安城中多熱官[355]　장안성중다열관
朱門[356]日高未啓關[357]　주문일고미계관
重重幃箔[358]施屛山[359]　중중위박시병산
中酒不知屛外寒　중주부지병외한

을 노래한 것이다.

351) 변경

352) 날씨

353) 옷과 갖옷

354) 의복 공급을 담당하는 임금의 특사

355) 권세가 있는 관리

356) 붉은 대문, 호사스러운 집을 가리킴.

357) 대문의 빗장

358) 장막과 발

359) 산이 그려진 병풍, 산 모양의 병풍.

전쟁을 통해 변방 병사들이 겪는 고된 생활을 고발하고 있다. 병사들은 헐벗고 추위에 시달리며 싸우고 있는데도, 서울의 고관들은 매일 잔치나 벌이며 술에 취해 병사들의 고난 같은 것은 염두에 두지도 않고 있다고 하고 있다. 두보의 또 다른 사회시인 〈신혼별新婚別〉을 읽어보자.

토사(兎絲)가 쑥과 삼에 붙어사니
덩굴을 늘려도 길 수 없는 법.
출정하는 사람에게 딸을 시집보냄은
길가에 버리는 것보다 못하답니다.
머리 묶고 아내가 되었지만
그대의 침상 자리 따뜻할 새도 없이
저녁에 결혼하고 새벽에 이별을 고하니
너무나 총총한 게 아닌가요?
그대 가시는 길 비록 멀지 않다 하나
변방을 지키러 하양(河陽)에 가야할 판.
첩의 신분 아직 분명치 않으니
어떻게 시부모님께 절을 올려야 하나요?
부모님 나를 기르실 적에
밤낮으로 나를 집에 있게 하셨지만
딸을 낳으면 시집을 가는 법
닭과 개도 거느리고 가지요.
그대 이제 생사가 걸린 곳에 가시니
침통함이 창자 속까지 밀어닥쳐요.
맹세코 그대를 따르고자 하나
그러면 사정이 도리어 어렵게 되겠지요.
신혼이라는 생각은 마시고
힘써 군대 일을 보십시오.
아녀자가 군대에 있으면
병사들의 사기 떨치질 못할 겁니다.
스스로 한탄하오니, 가난한 집의 딸이

오랜만에 비단옷을 장만했지만
비단 옷 다시는 입지 않을 것이고
그대 보는 앞에서 붉은 화장을 지운답니다.
고개 들어 뭇 새들 나는 것 보니
크나 적으나 반드시 쌍쌍이 날개 짓을 합니다.
인간사 어긋나는 일이 많은 법
그대와 길이 서로 바라봅니다.

兎絲[360]附蓬麻[361] 토사부봉마
引蔓故不長 인만고부장
嫁女與征夫 가녀여정부
不如棄路傍 부여기로방
結髮爲妻子 결발위처자
席不煖君牀 석부난군상
暮婚晨告別 모혼신고별
無乃太匆忙 무내태총망
君行雖不遠 군행수부원
守邊赴河陽[362] 수변부하양
妾身未分明 첩신미분명
何以拜姑嫜[363] 하이배고장
父母養我時 부모양아시
日夜令我藏 일야령아장
生女有所歸 생녀유소귀
鷄狗亦得將 계구역득장

---

360) 일년생 寄生蔓草로 실 같은 줄기로 다른 나무에 붙어 생장한다. 흔히 출가한 여성을 비유함.

361) 다북쑥과 삼에 붙다. 좋은 사람에게 시집가지 못해서 잘 의지하고 살 수 없음을 비유한다.

362) 하남성 孟縣.

363) 시어머니와 시아버지.

君今生死地　　군금생사지
沉痛迫中腸　　침통박중장
誓欲隨君去　　서욕수군거
形勢反蒼黃　　형세반창황
勿爲新婚念　　물위신혼념
努力事戎行　　노력사융행
婦人在軍中　　부인재군중
兵氣恐不揚　　병기공부양
自嗟貧家女　　자차빈가녀
久致羅襦裳　　구치나유상
羅襦不復施　　나유부복시
對君洗紅妝　　대군세홍장
仰視百鳥飛　　앙시백조비
大小必雙翔　　대소필쌍상
人事多錯迕　　인사다착오
與君永相望　　여군영상망

결혼하자마자 신랑이 출정을 하게 되어 생이별하는 신혼부부를 보고서 시인은 신부의 입장에서 이 시를 읊고 있다. 문학사에서 이 시를 대표적인 사회시라고 하나, 이 시는 현실의 고통과 비애를 그대로 사실적으로 상세하게만 그려낼 뿐, 서구 사회시 참여시 저항시 혁명시에서 일반적으로 보이는 것과 같은 그런 사회적 모순을 타파하는 해결책이나 비전(去)은 제시하지 않고 있다. 서구 사회시 참여시 저항시 혁명시에서 흔히 보이는 '나를 따르라.', '깃발을 높이 들어라.', '들고 일어나라.', '앞으로 나가 쳐부수어라.', '노예가 되기 싫은 자 함께 나서자', '앞으로 희망의 나라로 전진하자'와 같은 시구가 중국의 사회시 풍유시에는 보이지 않는 것이다. 이는 24절기를 주기로 순환 회귀적인 삶을 수천 년 동안 살아온 농경민족 중국인들의 회귀(歸)적 사유체계가 이렇게 사회적 모순 타파를 위한 해결책이나 비전(去)을 제시하는 것을 막은 것이 아닌가 한다. 이처럼 대부분의 중국 사회시 풍유시들은 현실의 모순을 사실적으로 그려내고 있을 뿐이다.

이 〈신혼별〉은 시인 자신이 남성(두보)임에도 불구하고 그는 여성(新婦)의 입장에서 이 시를 짓고 있다. 여성의 입장에서 지은 중국의 대표적인 시들인 규방시 규원시 등의 작품들은 실은 대부분 남성에 의하여 적혀졌다. 그러나 이와 반대로 시인 자신이 여성이면서 남성의 입장에서 지은 시들(행역시 변새시 등)은 별로 없다. 전통 중국사회에서 여성시인이 별로 없기는 하지만, 소수의 여성 시인들 중에서도 그녀가 남성의 입장에서 지은 시가 없는 것이다. 이런 것들은 중국의 한시가 그 얼마나 여성적인 정서가 많이 우러나는가를 알 수 있게 한다.

한시에는 민중들의 고난 사회의 모순 등을 사실적으로 세밀하게 묘사한 사회시 풍유시 풍자시 고발시 등은 있을 지 몰라도, 그 민중들의 고난 사회의 모순을 타파하고자 하는 참여시 저항시 혁명시 같은 것은 없는 것이다. 두보는 사회시인 고발시인인지는 몰라도, 참여시인 저항시인은 아닌 것이다.

서구에서는 그들의 미래지향적인 사고(헤브라이즘의 메시아사상과 헬레니즘의 아폴론사상)로 말미암아, 그들의 문학에 있어서도 수많은 모색을 통하여 수많은 Ism(고전시, 신고전시, 낭만시, 사실시, 상징시, 풍자시, 자연시)을 만들어 내었다. 중국에서는 그렇지가 않은데, 그러나 단 한 가지 주제(원형으로 회귀하여 그것과 〈더불어 하나〉되고자 하는 주제, 그리고 그 원형으로 회귀할 수 없다는 데서 느끼는 고독과 비애감 등을 읊은 주제) 만을 가지고 근 2,000여 년 동안을 끊임없이 추구한 한시 같은 장르도 전 세계문학사에 별로 없는 것으로 여겨진다.

한시 그 소재

물 · 달 · 자연 · 여(女)는 회귀적 관념의 표상이다. 물은 시냇물 - 강물 - 바닷물로 또 그것이 증발하여 수증기 - 구름이 되었다가 다시 비로 내려 시냇물 - 강물 - 바닷물로 자연의 대 순환계를 따라 끊임없이 순환 회귀한다. 달은 찼다 기울어지고 다시 찼다 기울어지기를 반복하며 한 달을 주기로 순환 회귀하고, 자연은 24절기를 주기로 끊임없이 순환 회귀하며, 여자는 그녀의 생리가 한 달을 주기로 순환하여 그녀의 생체리듬 즉 바이오리듬이 한 달을 주기로 순환 회귀한다. 이처럼 물, 달, 자연, 여자는 회귀적 관념의 표상인데, 본고에서는 필자가 〈歸〉의 문학이라고 규정한 이 한시들에 이들 소재가 그 얼마나 많이 보이고 있는가를 살펴보고자 한다.

농경민족들은 물과 달과 자연을 아주 중시하며 또한 그들의 성향은 여성적인 경향이 강하다. 농경민족 중국인들의 사유 체계를 가장 잘 대변하고 있는 사상은 유가사상이 아니라 실은 도가사상이라고 할 수 있다. 유가사상은 관직에 진출하고자 하는 사대부 계급의 남성들에게 영향을 주로 주었다고 한다면, 도가적인 사유 체계는 농경민족 중국인들에게 전반적으로 크게 영향을 주었다고 생각된다. 무위자연으로 돌아가라(歸)고 하며 자연을 중시하고 흙을 중시하며 또한 모성성을 중시하는 이 도가문화는 전형적인 농경민족의 특성을 잘 반영하고 있는 농경문화 사상이라고 할 수 있다. 물과 달과 자연과 여성성의 중시는 농경문화의 가장 기본적인 특징이며, 이것을 가장 잘 반영하고 있는 중국의 철학이 바로 도가사상인 것이다. 이것들은 모두 순환 회귀적(歸)인 점을 공통으로 가지고 있으며, 이는 24절기를 주기로 수천 년 동안 순환 회귀적(歸) 삶을 살아온 농경민족의 사유 체계가 잘 반영된 것이라 할 수 있다. 만약 유가사상이 복고주의(歸)를 그 골간으로 하지 않았다면, 만약 불교사상이 윤회사상(歸)을 그 골간으로 하지 않았다면, 만약 도가 도교사상이 무위자연 회귀사상(歸)을 그 골간으로 하지 않았다면, 그들 사상이 수천 년 동안 24절기를 주기로 순환 회귀적(歸) 삶을 살아온 농경민족 중국인들에게 이렇게 지속적인 영향을 주지는 못했을 것이다.

농경민족들은 물을 아주 중시하는데, 이 도가사상에는 물의 특성을 중시하고 물의 덕을 찬미한 구절이 많이 보인다. 물은 항상 높은 곳에서 낮은 곳으로 흘러 자기 자신을 낮추지만, 그러나 또한 모든 만물을 적셔주고 윤택하게 하여 준다고 하며 물의 덕을 찬미하며 물의 철학을 배우고자 한다. 최고의 선은 물과 같다고 하고 있다.

또한 도가사상은 달의 철학이라고 할 수 있다. 달은 차고 기울어지며 항상 변화하는데, 도가사상은 달의 차고 기움을 인생과 역사의 흥망성쇠에 많이 비유하기도 하고, 또한 달의 차고 기움에 바탕을 두고 유기적인 기(氣) 순환관을 만들어 내기도 한다.

또한 무위자연을 내세우는 도가사상은 당연히 자연 특히 올바른 계절적 순환을 하는 자연을 아주 중시한다. 그들 도가사상의 추종자들은 항상 자연과 〈더불어 하나〉가 되고 싶어 하고 우주와 자연과 구별되지 않는 그것의 일부가 되고자 노력하였다. 그들은 자연에 은거하며 정결한 삶을 유지하는 것을 중시했는데, 이 도가사상은 자연과 흙과 〈더불어 하나〉되어 수천 년 동안 삶을 유지하여 온 농경민족에게만 나타날 수 있는 사상이지, 항상 자연을 투쟁의 대상으로 여겨온 유목민족에게는 절대로 나타날 수 없는 사상이라고 할 수 있다.

도가사상은 여성성과 모성성을 아주 중시한다. 《도덕경》에 여자의 성기를 묘사한 듯한 구절도 여러 군데 보이고, 또한 그것을 찬양하기도 한다. "텅 빈 것이 찬 것을 이긴다.", "약한 것이 강한 것을 이긴다."거나 '텅 빔(虛)'이나 '없음(無)', 그리고 '약함(弱)'을 중시하는 것은 남성성보다 여성성을 중시하는 것을 나타낸 것이다. 흙(여성성, 地母神)을 중시하고 흙과 〈더불어 하나〉되어 살아온 농경민족 중국인들은 남성성보다 여성성을 중시하며 그들의 사유 체계에 여성적인 경향이 강하다.

예를 들어 우리의 강강수월래같은 원형무곡(圓形舞曲)은 농경문화 지역에서만 나타날 수 있는 춤이다. 찼다 기울어졌다 찼다 기울어졌다 하는 둥근 달 아래, 밀물 썰물 밀물 썰물로 순환 회귀하는 바닷가에서, 1달을 주기로 생체리듬이 순환 회귀하는 여성들이 둥근 치마를 입고 둥글게 원을 그리며 춤을 추는 이런 원형무곡은 24절기를 주기로 순환 회귀적인 삶을 살아온 농경문화 지역에서만 나타날 수 있는 춤인 것이다. 농경민족들이 추는 춤이나 노래가 유목민족들이 추는 춤이나 노래보다 부드럽고 원형적이며 손을 많이 이용하고 순환 회귀적인 특징을 가지고 있는데, 이는 유목민족들의 춤이나 노래가 강하고 직선적이며 발을 많이 이용하는 경향이 강한 것과는 비교된다 하겠다.

1. 물

한시에는 물이 소재로 등장하는 시들이 굉장히 많다. 우(雨), 수운(水雲), 춘우(春雨), 강(江), 호(湖), 계(溪), 하(河), 로(露), 풍랑(風浪), 지당(池塘), 세우(細雨), 택(澤), 상(霜), 설(雪), 우(雩), 뢰(雷), 하(霞), 무(霧), 매(霾), 빙(氷),

골(汩), 범(泛,) 류(流), 지(池), 폭포(瀑布) 등은 모두 물의 시어인데, 한시에는 이런 시어들이 굉장히 많이 등장하고 있다. 한시 작품 중에 이런 물의 시어가 등장하지 않는 작품은 반도 되지 않을 듯 보일 정도로 물의 시어가 많이 등장하고 있는데, 그 예로 왕유王維의 〈청계靑溪〉란 시를 읽어보자.

황화천(黃花川)에 들면
매번 푸른 시냇물을 따라 간다.
산을 따라 만 번이나 돌건만
간 길은 백리도 못된다.
어지러운 돌 가운데 물소리 시끄럽고
깊은 소나무 숲속 경색(景色)이 고요하다.
물 위엔 마름 풀 떠있고
맑은 물결엔 갈대가 보인다.
내 마음 본디 한가롭고
맑은 시내도 이와 같이 투명하니
널찍한 돌 위에 머물면서
낚싯대 드리우면 그만이지 않겠는가?

言入黃花川[1] 언입황화천
每逐靑谿水 매축청계수
隨山將萬轉 수산장만전
趣途無百里 취도무백리
聲喧亂石中 성훤난석중
色靜深松裏 색정심송리
漾漾泛菱荇[2] 양양범능행

1) '言'은 뜻이 없는 發語辭이고, '黃花川'은 섬서성 鳳縣 동북 10리 쯤 되는 곳에 있는 시내 이름.

2) 마름 풀.

澄澄映葭葦[3] 징징영가위
我心素已閑 아심소이한
淸川澹如此 청천담여차
請留盤石[4]上 청류반석상
垂釣將已矣 수조장이의

황하천(黃花川), 청계수(靑谿水), 청천(淸川) 등처럼 한시에는 물과 관련된 시어가 많이 등장하는데, 이는 물 그것이 회귀적 관념의 표상이어서 24절기를 주기로 순환 회귀적인 삶을 살아온 농경민족 중국인들의 모호한 순환 회귀적(歸)인 심성과 잘 맞았기 때문일 것이다. 가지賈至의 〈악양루중연별왕팔원외폄장사岳陽樓重宴別王八員外貶長沙〉를 읽어보자.

강 길이 동으로 천리나 호수에 연하여 있고,
푸른 구름은 북으로 아득히 궁궐을 바라본다.
파릉(巴陵) 땅의 호수가 넓다고 말하지 마라.
장사(長沙) 남쪽 둔덕 더욱 쓸쓸해진다.

江路東連千里湖 강로동연천리호
靑雲北望紫微遙 청운북망자미요
莫道巴陵湖水闊 막도파릉호수활
長沙南畔更蕭條 장사남반갱소조

이 시는 호수로 이어진 강 길을 따라 파릉(巴陵)을 거쳐 쓸쓸한 장사(長沙)로 귀양 가는 원외(員外) 벼슬을 한 왕팔(王八)을 위해 악양루(岳陽

3) 갈대
4) 큰 돌

樓)에서 거듭 잔치를 베풀면서 읊은 시라고 한다. '강(江)', '호(湖)', '운(雲)', '호수(湖水)' 같은 물과 관련된 시어가 많이 보인다. 위응물의 〈저주서간滁州[5]西澗[6]〉을 읽어보자.

> 나 홀로 그윽한 풀 계곡 옆에 자라는 것 가련히 여기는데,
> 위에는 꾀꼬리 있어 깊은 나무에서 우네.
> 봄 조수에 따라온 비 늦게 내리고
> 들 나루터엔 사람 없어 배만 스스로 비켜있네.
>
> 獨憐幽草澗邊生　독련유초간변생
> 上有黃鸝深樹鳴　상유황녕심수명
> 春潮帶雨晚來急　춘조대우만래급
> 野渡無人舟自橫　야도무인주자횡

위 시에서 '간(澗)', '춘조(春潮)', '우(雨)', '야도(野渡)'처럼 물과 관련된 시어가 많이 등장한다. 또한 이 외에도 강물의 흐름을 인생과 역사의 흐름 혹은 시간의 흐름이 주는 비애를 비유해서 읊조린 시도 적지 않다. 또는 강가나 물가 혹은 나루터에서 님과의 이별을 읊조린 시도 부지기수이다.

그러나 이와 반대로 한시에 불이 시어로 등장하는 경우는 별로 없다. 차가운 불, 외로운 불을 의미하는 객선(客船)에서의 어화(漁火), 등화(燈火) 외에는 불이 시어로 등장하는 경우는 거의 없다. 활활거리며 타오르는 불, 정열적인 불을 묘사하는 시는 없는 것이다.

진관秦觀(1049-1100)의 객수시 〈금산만조金山晚眺[7]〉를 읽어보자.

---

5) 지금의 안휘성 滁縣

6) 속칭 上馬下로 滁縣城의 서쪽에 있음.

7) 금산에서 저녁에 멀리 바라보다. 금산은 지금의 강소성 鎭江 서북쪽에 있는 명

서진(西津) 나루가 어귀엔 초생달이 걸려있고,
물 기운은 자욱이 위로 하늘로 닿아있네.
맑은 물가의 백사장도 어둑어둑하여 분별이 안 되지만,
다만 '등불(燈火)'만이 고기잡이 배일 것이네.

西津[8]江口月初弦[9]　서진강구월초현
水氣昏昏[10]上接天　수기혼혼상접천
淸渚[11]白沙茫[12]不辨　청저백사망불변
只應燈火是漁船　지응등화지어선

시인이 배를 타고 장강을 지나다가 진강(鎭江) 근처에 이르러 저녁에 배를 대면서 금산을 바라보며 읊은 시로 보인다. 그 당시 금산은 장강 한가운데 있는 섬이었고, 바람이 불면 풍랑이 심하여 부옥산(浮玉山)이라고 불렀다 한다. 끝 구에 "다만 '등불(燈火)'만이 고기잡이 배일 것이네."라고 하여 등불을 읊고 있다. 그러나 이 등불은 쓸쓸한 그리고 차가운 등불이다. 서구시에서 흔히 보이는 이글이글 불타는 불과는 다른 것이다.

어화(漁火) 등화(燈火) 등 차갑고 쓸쓸한 불을 묘사한 것을 제외하고 한시에 달리 불이 시어로 등장하는 경우는 거의 없다. 한시에는 불의 문학 즉 '불꽃의 문학' '정염(情炎)의 문학'이 등장하지 않는 것은, 불 그것이 순환 회귀적 관념의 표상이 아니어서 24절기를 주기로 끊임없

승지이다.

8) 鎭江 서북쪽 9리에 있는 나룻터 이름.

9) 초생달

10) 어둑어둑한 것, 자욱한 것.

11) 맑은 물 가

12) 아득한 것, 어둑어둑한 것.

이 순환 회귀적인 삶을 살아온 농경민족 중국인들의 기본적인 심성과 맞지 않았기 때문이 아닌가 한다.

2. 달

또한 한시에는 달이 소재로 많이 등장한다. 밤에 달을 보며 향수에 젖어 자신의 감정을 읊조린 작품들은 서구시보다 훨씬 많다. 달밤에 고향을 그리워하고 님과 친구를 그리워하며, 또한 달밤에 술을 마시며 그 자연을 즐기는 시도 적지 않다. 또한 달의 차고 이지러지는 것을 인생과 역사의 흥망성쇠에 비유해서 읊기도 한다. 달 그것은 농경민족 중국인들에게 아주 중요한 문학적 소재로서 역할을 해온 것이다. 이는 1달을 주기로 차고 기울며 순환 회귀하는 달이 24절기를 주기로 끊임없이 순환 회귀적(歸)인 삶을 살아온 농경민족 중국인들의 기본적인 심성에 잘 맞았기 때문일 것이다. 달을 소재로 한 대표작인 이백의 〈월야독작月夜獨酌〉을 읽어보자.

꽃 속에 한 동이 술 놓고
홀로 잔질하니 서로 친한 이 없네.
잔 들어 밝은 달을 맞이하고
그림자를 대하니 세 사람이 되었네.
달은 원래 술을 마실 줄 모르나
그림자는 헛되이 내 몸을 따르네.
잠시 달과 그림자를 벗삼아
즐거움은 모름지기 봄에 이르러야 하니.
내가 노래하면 달은 배회하고
내가 춤추면 그림자는 흩어지는 도다.

술 깰 때 함께 즐거움을 나누었으나
취한 후에는 각기 흩어지네.
영원히 속세를 떠난 교제를 맺고자 하고
서로 먼 은하수에서 만나길 기약하노라.

花間一壺酒　화간일호주
獨酌無相親　독작무상친
擧杯邀明月[13]　거배요명월
對影成三人　대영성삼인
月旣不解飮　월기부해음
影徒隨我身　영도수아신
暫伴月將影　잠반월장영
行樂須及春　행락수급춘
我歌月徘徊　아가월배회
我舞影凌亂　아무영능란
醒時同交歡　성시동교환
醉後各分散　취후각분산
永結無情遊[14]　영결무정유
相期邈雲漢[15]　상기막운한

봄날 달밤에 홀로 술을 마시며 달과 그림자 그리고 내가 그리고 그 모든 것이 〈더불어 하나〉되는 주객일체지감(主客一體之感)을 아주 잘 묘사하고 있다.

중국 시인들은 이처럼 항상 달밤에 객지에서 달을 보며 님을 그리고 친구와 고향을 그리워하며 읊은 경우가 많았다. 고향으로 돌아가고(歸) 싶고 님과 친구가 있는 곳으로 돌아가(歸) 그들과 〈더불어 하나〉

13) 밝은 달을 맞이하다. 邀는 '멀리에서 일부러 모셔온다'는 뜻이 있다.
14) 달과 그림자는 사람과 같은 감정의 주체가 아니므로 이렇게 표현했다.
15) 은하수

되어 만나고 싶은 것이다.

그러나 서구시의 경우 밤에 지어진 작품은 한시보다 훨씬 적다. 한시에는 달밤에 봄 경치를 혹은 쓸쓸한 가을 경치를 읊은 경우도 적지 않고, 달밤에 객지에서 혹은 객선(客船)에서 술을 마시며 고향을 님을 친구를 아내를 그리며 읊은 시도 적지 않으며, 달밤에 친구와 더불어 술을 마시며 자연 경치를 즐기며 읊은 시 역시 적지 않다.

한시의 제목에 '야(夜)', '춘야(春夜)', '정야(靜夜)' 혹은 '월(月)', '월야(月夜)', '월하(月下)', '명월(明月)' 등의 단어가 많이 나타나는 것으로도 그것을 잘 알 수 있다. 이렇게 한시에 밤에 혹은 달밤에 지어진 시가 많은 것은, 밤과 달 그리고 달밤 그것이 남성적인 성향이라기보다 여성적 성향에 가까워 중국 시인들이 밤과 달 그리고 달밤에 시를 많이 지은 것으로 보여진다. 밤에 읊조린 시로 북송사람 소옹邵雍의 〈청야음淸夜吟[16]〉이란 시를 읽어보자.

달이 하늘 한가운데로 떠올랐을 무렵
바람이 수면 위로 지나갈 때
보는 이의 마음에 맑은 밤의 운치가 일게 마련이지만
세상 사람들은 이 멋진 경치 거의 모를 듯하다.

月到天心[17]處　　월도천심처
風來水面時　　풍래수면시
一般淸意味[18]　　일반청의미
料得[19]少人知　　요득소인지

16) 樂府題 가운데 하나

17) 하늘 한가운데

18) 서늘한 밤 경치를 돋구는 흥취

19) … 한 듯하다.

달이 하늘 한가운데로 떠오르고 바람이 수면 위로 지나가는 맑은 밤(淸夜)의 운치를 그려 내고 있다. 맹호연의 〈의공선방義公禪房[20]〉은 밤이 아니라 저녁을 배경으로 하여 읊은 작품이다.

석양에 연이어 비가 오고
산의 그림자가 정원에 내려 어두워지네.
떠 있는 연꽃을 꺾어 바라보니,
바야흐로 (세속에) 물들지 않는 마음 알겠도다.

夕陽連雨是　　석양연우시
空翠[21]落庭陰　　공취락정음
看取蓮花浮　　간취연화부
方知不染心　　방지불염심

이 작품은 맹호연이 비가 내리는 석양에 의공(義公)의 선방(禪房)에서 연꽃을 꺾어 바라보며 선경(仙境)에 든 것 같은 심정을 읊은 시라고 한다. 이처럼 한시에는 저녁 무렵에 읊은 시도 적지 않다. 한시에는 달을 그리고 밤에 혹은 달밤에 그리고 저녁 무렵에 읊은 시가 적지 않은 것이다.

그러나 이와 반대로 한시에 해(태양)를 읊조린 작품은 거의 없다. 이는 해가 순환 회귀적인 관념의 표상이 아니기 때문에, 그것이 24절기를 주기로 순환 회귀적(歸)인 삶을 살아온 농경민족 중국인들의 기본적인 심성과 맞지 않았기 때문일 것이다. 해를 읊은 경우로 쓸쓸함을 드러내는 석양이나 저녁의 '낙일(落日)'이 시구로 등장하는 경우는 어쩌

20) 참선하고 있는 암자나 절
21) 초목이 울창한 산 속의 기운

다 간혹 있기는 하지만, 아침의 떠오르는 햇살이나 낮에 쨍쨍 쬐는 해를 묘사한 시는 거의 없는 것이다.

3. 자연

한시에서처럼 자연이 이렇게 많이 소재로 등장한 문학도 그 유래를 찾아보기 힘들다. 중국의 시인치고 자연을 읊조리지 않는 시인은 단 한명도 없다고 해도 과언이 아니다. 순수하게 자연을 읊조린 자연시, 전원시, 산수시, 한적시, 산중우거시, 사경시, 경물시 등의 부류뿐만 아니라, 규방시, 행역시, 사회시, 염정시 부류도 시인 자신의 심정을 자연 경물에 대비하여 읊은 경우가 굉장히 많다, 기 승에서는 자연의 경물을 읊고 전 결에 와서 그 자연 경물에 감촉되어 느끼는 시인 자신의 심정을 읊조리고 있는 것이다.

농경민족 중국인들은 특히 24절기의 계절적 올바른 순환을 아주 중시해서, 한시에는 절기적인 특징이 있는 자연 경물을 읊은 경우가 많다. 대부분의 한시에서 그 시 속에 어느 정도 절기를 알 수 있게 해주는 시어가 있어, 시인이 어느 절기 무렵에 이 시를 지었는가를 대충 알 수 있게 해주는데, 이렇게 시작(詩作)에 절기성을 중시하는 것은 올바른 절기의 순환 그 자체를 중시하는 농경민족 중국인들의 심성과 깊은 관련성을 가지는 듯하다. "꽃피고 새우는 봄은 청춘의 계절, 봄을 즐기세."나 "낙엽 지는 가을 쓸쓸한 가을, 가을은 사색의 계절."같이 시 내용 중 봄과 가을에 지었다는 것만 알 수 있지 봄과 가을 중에서도 어느 무렵에 지었는지 전혀 알 수 없는 서구시에서 흔히 보이는 이런 시는 한시에서는 발견하기 어렵다. 한시에 절기를 전혀 가늠할 수 없는 단지 자연만을 찬양하여 읊조린 시는 별로 없는 듯하다. '매화', '버들개지', '국화', '꾀꼬리', '매미', '서리', '큰 눈' 등의 시어가 나와 대체로 어느 절기 무렵에 지었는지를 알 수 있게 해주는 것이다. 백거이의 〈모립暮立[22]〉이라는 시를 읽어보자.

황혼에 홀로 불당(佛堂) 앞에 서면,
땅 가득 괴(槐)나무 꽃이요 온 나무에 매미 울음이로다.
대저 사 계절 항상 마음은 고통스럽지만,
곧 그 중에서도 창자 끊어지는 슬픔은 가을이로다.

黃昏獨立佛堂前　　황혼독립불당전
滿地槐花滿樹蟬　　만지괴화만수선
大抵四時心總苦[23]　　대저사시심총고
就中[24]腸斷[25]是秋天　　취중장단시추천

이 시의 기 승에 나오는 '괴화(槐花)'와 '선(蟬)'이란 시어로 시인이 가을에 읊었음을 분명 알 수 있다. 이처럼 한시에는 계절을 알 수 있는 시어가 반드시 나오는 것이 하나의 특징인 듯하다. 기 승에서 자연의 경물을 읊고 그 경물을 보고 느낀 시인 자신의 슬프고 고통스러운 심정을 전 결에서 읊고 있다. 4계절의 특징을 차례대로 읊은 시로 고개지顧愷之의 〈신정시神情詩〉를 읽어보자.

봄 물은 사방 연못에 가득 차고,
여름 구름 기이한 산봉우리에 많도다.

22) 저녁 무렵에 서다.

23) 사계절 언제나 고뇌하고 괴로워하다.

24) 그 가운데에서도 특히

25) 창자가 끊어질듯 슬프다.

가을 달은 빛을 드러내고
겨울 고개에 외로운 소나무 빼어나도다.

春水滿四澤 춘수만사택
夏雲多奇峰 하운다기봉
秋月揚光輝 추월양광휘
冬嶺秀孤松 동령수고송

사계절의 간략한 특징을 차례대로 읊고 있다. 이 외에도 중국의 한시에는 이렇게 계절적 특징을 읊거나 혹은 계절적 절기성을 알게 해주는 시어가 있는 것이 보통인데, 이는 올바른 계절적 주기성을 중시하는 농경민족의 특징이 은연중에 반영된 것이 아닌가 한다. 왕건王建의 〈십오야망월기두랑중十五夜[26]望月寄杜郎中〉이란 시는 가을날 달밤에 시름에 잠긴 시인 자신의 모습을 그린 작품이다.

뜰 가운데 달빛 하얗고 나무에 까마귀 깃들 무렵
찬 이슬 소리 없이 계수나무 꽃을 적시네.
오늘 밤 달 밝아 사람들 모두 (달을) 바라보겠지만
가을의 그리움 누구에게 떨어질까 모르네.

中庭地白[27]樹棲鴉 중정지백수서아
冷露無聲濕桂花 냉노무성습계화
今夜月明人盡望 금야월명인진망
不知秋思落誰家 부지추사낙수가

이 작품은 추석날 보름달 밤에 그 달을 바라보며 시인의 감회를 읊

26) 보름날 밤으로 여기서는 추석날 밤을 가리킨다.
27) 달빛이 내려 땅이 하얗다는 뜻

은 작품이다. 기 승에서 달빛 하얗고 까마귀 깃들며 찬 이슬 소리 없이 계수나무 꽃을 적시는 가을밤 자연 경물을 묘사하고 있다. 그리고 전 결에서 그 경물에 느끼는 바 있어 시인은 달을 보며 고향 혹은 친구를 그리는 상념(想念)의 정에 사무치고 있다. 한시 중 규원시 행역시 사향시 사우시 유자시 등의 자연을 주제로 하지 않는 시들도, 이처럼 기 승에서 자연의 경물을 읊고 그것에 감촉되어 시인 자신이 말하고자 하는 내용을 전 결에서 읊은 경우가 많으니. 한시에서 자연 경물이 소재로 등장하지 않는 시도 별로 없다고 할 수 있다.

4. 女

1) 비애감 소극성

한시에 깔려있는 가장 보편적인 정서를 비애감과 소극성이라고 이야기 하는 분들이 많다. 한시를 조금이라도 지어보거나 읊어본 사람이라면 한시에 깔려있는 기본적인 정서가 비애감과 소극성이라는 것을 누구든지 느낄 수 있을 것이다. 이는 본질적으로 현재 자신이 처한 상황이 chaos 상태라는 것과 또한 그 상태에서 벗어나 다시 원형으로 돌아갈(歸) 수 없다는 것을 느끼는데서 오는 정서에서 근본적으로 유래된 것이라 할 수 있다. 비애감과 소극성이란 그것을 인류학적인 입장에서 볼 때, 남성적인 정서에 가깝다기보다는 분명 여성적인 정서에 훨씬 가깝다. 게다가 남존여비사상으로 여성이 많이 억눌려 살았던 유가문화권의 중국에서 비애감 소극성이란 더 더욱 여성적 정서라고 할 수 있다. 비애감 소극성의 정서가 한시에 본격적으로 나타나기 시작한 것은 한대(漢代)에 지어진 것으로 알려진 고시(古詩) 19수부터 인 것으로 여겨지는데, 고시 19수 중 그 한 수를 읽어보자.

사는 삶은 백을 채우지 못하는데,
항상 천년의 근심을 품고 있구나.
낮은 짧고 괴로운 밤은 길어
어찌 촛불 들고 놀지 않으리오.
즐기는 것은 마땅히 때에 미쳐야 하거늘
어찌 능히 오는 것을 기다리리오.
어리석은 자 쓰는 것을 아끼는데.
모두 세상의 웃음거리가 될지니.
선인(仙人) 왕자교(王子喬)는
가히 만나기를 기약하기 어려운 것을

生年不滿百　　생년불만백
常懷千歲憂　　상회천세우
晝短苦夜長　　주단고야장
何不秉燭遊　　하불병촉유
爲樂當及時　　위락당급시
何能待來玆　　하능대래자
愚者愛惜費　　우자애석비
俱爲塵世嗤　　구위진세치
仙人王子喬[28]　　선인왕자교
難可以等期　　난가이등기

우리네 인생이란 왕자교(王子喬)와 같이 영생불사할 수 없는 것이니, 그냥 삶을 즐기며 살라고 한 데카당스한 작품이다. 또 다른 고시 19수

28) 周나라 靈王의 태자 晉을 말하는데, 《列仙傳》에 의하면 道人 浮丘公과 함께 嵩山에 올라 術法을 얻어 영생불사를 하였다고 한다.

한 수를 읽어보자.

가고 가고 또 가고 가서
그대와 생이별이로다.
서로 떨어진지 만여 리에
각자 하늘 한 귀퉁이에 있네.
길은 험하고 게다가 머니
만남을 어찌 가히 알 수 있으리?
오랑캐 말은 북풍에 의지하고
월나라 새는 남쪽 가지에 깃든다.
서로 떠난 것이 날로 이미 멀어
허리띠가 날로 이미 느슨해지네.
뜬 구름은 해를 가리고
나그네는 돌아오려 하지 않네.
그대 그림에 사람으로 하여금 늙게 하는데,
세월은 홀연히 이미 늦도다.
버림받았다고 다시 말하지 않을테니,
힘써 식사나 잘 하시기를.

行行重行行　행행중행행
與君生離別　여군생이별
相去萬餘里　상거만여리
各在天一涯　각재천일애
道路阻且長　도로조차장
會面安可知　회면안가지
胡馬[29]依北風　호마의북풍
越鳥[30]巢南枝　월조소남지

29) 여기서는 몽고말을 가리킴.

30) 월나라는 지금의 광동성 지방을 가리킴. 이 두 시구의 뜻은 말이나 새도 제가 태어난 고향을 그리워하는데 사람이 어찌 고향 생각을 안 할 것인가라는 의미임.

相去日已遠　　상거일이원
衣帶日已緩[31]　　의대일이완
浮雲蔽白日[32]　　부운폐백일
遊子不顧返　　유자불고반
思君令人老　　사군영인로
歲月忽已晚　　세월홀이만
棄捐勿復道　　기연물복도
努力加餐飯[33]　　노력가찬반

길을 멀리 떠난(去) 님을 그리는 여인네의 간절한 심정이 잘 묘사되어 있다. 그 님이 고향으로 돌아와(歸) 자신과 재회하여 옛날처럼 행복한 시절(원형상태)로 돌아갔으면(歸) 하는 심정이 시 내용 속에 숨겨져 있으며, 또한 이 시에서는 그러지 못하는데서 오는 비애감과 소극성이 그려져 있다. 이 비애감과 소극성이란 원형상태(님과의 행복한 시절)로 돌아갈(歸) 수 없다는 데서 느끼는 기본 정서인 것이다. 작품 속에 깊은 비애감을 느낄 수 있는데, 후대 한시에 나타나는 전형적인 비애감은 이렇게 한대 고시 19수에 의해 비로소 시작되고 있다고 할 수 있다. 가을의 처량함을 읊은 이하李賀(790-816)의 〈추래秋來〉라는 작품도 비애감이 고조된 작품이다.

오동나무 바람에 마음이 놀라 남아는 괴로운데
희미한 등잔에 베짱이는 울면서 싸늘한 베를 짜는구나.
누가 푸른 대쪽으로 엮은 이 책을 보아
좀벌레에게 먹혀 가루가 되지 않게 할 이가

31) 시름에 겨워 몸이 말라 전부터 매던 허리끈이 느슨해졌다는 뜻임.
32) 세상일이 일시적으로 비정상이 되었다는 뜻임. 妾이라도 생긴 듯
33) 몸 생각하고 건강에 유의하라는 뜻

그리운 생각에 얽히어 이 밤 창자 뻣뻣이 경직될 때
차가운 빗 속 아름다운 혼 찾아와 이 독서객(讀書客)을 위로한다.
가을 무덤 속에서 귀신들이 포조시를 노래하며
원한에 피가 천년을 두고 흙 속에 벽옥(碧玉)이 되겠지.

桐風驚心壯士苦	동풍경심장사고
衰燈絡緯[34]啼寒素	쇠등락위제한소
誰看靑簡[35]一編書	수간청간일편서
不遺花蟲[36]粉空蠹[37]	불유화충분공두
思牽今夜腸應直	사견금야장응직
雨冷香魂[38]弔書客	우랭향혼조서객
秋墳鬼唱鮑家詩[39]	추분귀창포가시
恨血千年土中碧[40]	한혈천년토중벽

이 시는 시인이 가을 밤 느낀 독서인의 허무감과 고독 그리고 비애감을 읊조린 작품이다. 시인의 처량하고 침울한 심사를 잘 그리고 있는데, '고(苦)', '쇠(衰)', '한(寒)', '청(靑)', '공(空)', '사(思)', '랭(冷)', '한(恨)', '벽(碧)'이란 시어에서 전체적으로 차고 서글프며 한스러운 비애감을 짙게

34) 베짱이의 일종
35) 종이가 발명되기 전 푸른 대나무 조각을 불에 쬐어 기름을 제거하고 거기에 글을 썼던 데서 유래한 말로 여기서는 書冊을 가리킴.
36) 좀벌레로 모양이 조그만 물고기와 같고 은백색을 띠고 있음.
37) 좀벌레가 좀을 먹어 가루가 되어 없어졌다는 뜻.
38) 아름다운 혼 여기서는 옛 시인의 혼을 가리킨다.
39) 남조 宋의 鮑照를 가리키는 것으로, 그의 〈代蒿里行〉과 〈代挽歌〉같은 死者의 감개를 읊은 시를 가리킴.
40) 《장자・외물편》과 《여씨춘추・孝行覽篇》에 보면 周의 萇弘이 무고하게 사형당했는데, 그 恨 때문에 그의 피가 3년 후에 碧玉으로 변했다는 고사가 있는데 그것을 암용한 것임.

느낄 수 있다. 과거를 회상하며 읊은 완적의 〈영회시〉도 비애적 정서가 물씬 풍긴다, 그 첫 수를 읽어보자.

밤중에 잠 이룰 수 없어
일어나 앉아 거문고를 켠다.
얇은 휘장으로 밝은 달빛 비추오고
맑은 바람 내 옷깃에 부는구나.
외로운 기러기 바깥들에서 울고
북쪽 숲에서 기러기 우는구나.
배회하며 장차 무엇을 보고자 하나,
근심스러운 생각에 홀로 마음 상하는 도다.

夜中不能寐 야중부능매
起坐彈鳴琴 기좌탄명금
薄帷[41]鑑明月 박유감명월
淸風吹我襟 청풍취아금
孤鴻號外野 고홍호외야
朔鳥[42]鳴北林 삭조명북림
徘徊將何見 배회장하견
憂思獨傷心 우사독상심

시세를 느낀 시인의 고독과 시름을 노래하고 있다. 위진 교체기에 시인은 그 당시 시대 상황에 대한 울분의 심정을 시로 읊조려낸 것이 바로 이 영회시라고 한다. 비애적 정서가 물씬 풍긴다. 증별시 혹은 송별시라고도 부를 수 있는 두목杜牧(803-852)의 〈증별贈別〉이란 시도 비애적 정서가 짙게 있다.

---

41) 얇은 휘장
42) 북국의 새들

다정함이 오히려 무정한 것만 같아
술잔 앞에 앉으니 웃는 얼굴 지을 수가 없네.
그런데 촛불은 이별을 아쉬워하는 마음 있음인가?
사람 대신 날이 새도록 제가 눈물 흘리누나.

多情却似總無情　다정각사총무정
惟覺尊前[43]笑不成　유각존전소부성
蠟燭有心還惜別　납촉유심환석별
替人垂淚到天明　체인수루도천명

님과 헤어지기 전날 밤 그 헤어짐의 아쉬움을 읊은 작품이다. 촛불에 촛농이 흐르는 것을 초가 시인 자신을 대신해 흘리는 석별의 눈물이라고 풀이한 것은 헤어짐에서 오는 비애가 말이나 행동으로 나타낼 수 없을 만큼 크고 절실하다는 것을 나타내고 있다. 이처럼 한시에는 석별의 아쉬움을 애절히 읊은 작품이 아주 많고, 헤어짐과 만남을 주제로 한 시도 많다. 비애적 정서가 물씬 풍긴다. 왕안석이 32세에 한식날 휴가를 얻어 금릉(金陵 지금의 남경)에 있는 부친과 형의 산소를 찾아 성묘하며 읊은 〈임진한식壬辰寒食〉도 한시 특유의 비애감이 짙게 서려 있다.

나그네 슬픔은 버들과 같아,
봄바람에 천만 가지로 일렁거린다.
더욱이 한식날 쏟은 눈물로,
야성(冶城)의 조수가 불어나겠다.
백발은 두건에서 삐져나오고,
거울 속 얼굴엔 붉은 빛 시들었다.

---

43) 술잔 앞에

벼슬의 즐거움 알지 못한 채,
고기 잡고 나무하며 늙고 싶구나.

客思似楊柳　　객사사양류
春風千萬條　　춘풍천만조
更傾寒食淚　　갱경한식루
欲漲冶城潮[44]　　욕창야성조
巾髮雪爭出　　건발설쟁출
鏡顔朱早凋　　경안주조조
未知軒冕[45]樂　　미지헌면락
但欲老漁樵　　단욕로어초

부친과 맏형을 성묘하면서 느낀 슬픔을 그린 것인데, 그 슬픔은 봄바람에 일렁이는 수많은 버드나무 가지처럼, 흘리는 눈물로 양자강의 조수가 불어날 만큼, 32세의 젊은 나이에 머리카락이 하얘지고 붉은 얼굴이 시들었다고 느낄 만큼 큰 것이다. 실은 이들 작품 외에도 한시의 많은 작품들이 이처럼 비애적 정서와 소극적인 느낌을 준다. 한시의 가장 기본적인 정서라고 하는 이 비애감 소극성은 남성적인 정서라기보다는 여성적인 정서에 가깝다고 할 수 있다. 한시 중에서도 이런 비애적 정서가 많이 나타나는 부류로는 규방시 규원시와 행역시 변새시, 님 그리는 시와 사우시, 별리시 송별시 증별시 유별시와 유자시 객수시와 사향시 회향시 등에 두루 나타나며, 또한 영사시 영회시 영고시 회고시와 감회시 감우시와 탄로시 인생무상시 그리고 기녀시 궁원

44) 야성의 조수, 즉 양자강의 조수를 가리킨다. 야성은 옛 지명으로 남경시 중심에서 멀지 않은 곳이다. 북송 당시 양자강의 조수가 야성까지 밀려왔다.

45) '헌'은 大夫 이상의 관원이 타던 휘장을 친 수레이고, '면'은 그들이 예복을 입을 때 쓰던 모자다. '헌면'은 하나의 단어로 벼슬과 지위를 뜻한다.

시 등에도 두루 보인다.

2) 여성적 애조 애상 - 비(悲), 애(哀), 수(愁), 원(怨), 회(懷), 한(恨), 상(傷), 고(苦), 의(意), 념(念), 정(情), 음(吟), 가련(可憐)

한시에는 서구시와는 달리 여성적인 애조가 많이 서려있다. 한시에는 여성적 정서를 드러내는 비(悲), 애(哀), 수(愁), 원(怨), 회(懷), 한(恨), 상(傷), 고(苦), 의(意), 념(念), 정(情), 음(吟), 가련(可憐) 등의 시어가 많이 보인다. 온정균溫庭筠의 〈요슬원瑤瑟怨〉이란 시를 읽어보자.

싸늘한 대방석 은침대에서 잠들지 못하고
푸른 하늘은 물과 같고 밤 구름 가볍게 흘러간다.
기러기 소리 멀리 소수(瀟水)와 상수(湘水)를 지나가는데
십이루(十二樓)에 달이 스스로 비추고 있을 뿐이로다.

冰簟[46]銀牀夢不成　빙단은상몽불성
碧天如水夜雲輕　벽천여수야운경
雁聲遠過瀟湘去　안성원과소상거
十二樓中月自明　십이루중월자명

가을날 시름에 잠긴 여인네의 마음을 노래한 시이다. 여성적인 애조가 시 내용 속에 깊게 스며있다. 한시에는 슬픔과 근심(悲, 哀, 愁)을 읊조린 시가 적지 않다. 님이나 친구와 함께 있지 못한다는 데서, 그리고 그 님이나 친구와 헤어진다는 데서, 떠돌아다니는 나그네 생활이나 변방생활에서, 님이 자신을 내치고 자신을 생각하지 않는다는 데서, 혹

46) 서늘한 대자리

은 쓸쓸한 자연 경물을 접하고 자신의 처지에서, 혹은 따뜻한 봄 경치에 대해 반대로 자신의 처지가 쓸쓸함에서 오는 슬픔과 근심 등 한시에서는 슬픔과 근심(悲, 哀, 愁)을 읊조린 시가 굉장히 많은 것이다. 이는 모두 원형(님이나 친구 혹은 고향)과 〈더불어 하나〉 되지 못하고 또한 그 원형시절로 되돌아갈(歸) 수 없다는데서 느끼는 정서들이다. 한시의 제목 자체에도 〈○○愁〉 혹은 〈○○悲〉 〈○○悲愁〉 등 '비(悲)'나 '애(哀)' '수(愁)' 자가 들어간 시가 많은데, 〈'비수'가('悲愁'歌)〉, 〈대'비'백두옹(代'悲'白頭翁)〉, 〈복'수'(復'愁')〉, 〈칠'애'가(七'哀'歌)〉, 〈'애'강두('哀'江頭)〉 등이 그것이다. 한대 오손공주烏孫公主가 지은 것으로 알려진 〈비수가悲愁歌〉를 읽어보자.

> 한나라에서 나를 하늘 한 귀퉁이로 시집보내어
> 멀리 이국의 오손왕(烏孫王)에게 기탁하게 되었구나.
> 천막으로 집을 짓고 모포로 담을 삼아
> 고기로 식량 삼고 젖으로 음료 삼는다.
> 밤낮 고향 생각에 마음속은 상해
> 원컨대 고니 새가 되어 고향으로 돌아가리.

> 吾家嫁我兮天一方　　오가가아혜천일방
> 遠託異國兮烏孫王　　원탁이국혜오손왕
> 穹廬爲室兮旃爲牆　　궁려위실혜전위장
> 以肉爲食兮酪爲漿　　이육위식혜락위장
> 居常土思兮心內傷　　거상토사혜심내상
> 願爲黃鵠兮歸故鄉　　원위황곡혜귀고향

한 무제가 서역 이민족과의 화친을 위해 오손공주를 머나 먼 서역으로 시집보냈는데, 그 공주가 고향으로 돌아가기를(歸) 원하며, 그것을 슬픔과 근심(悲, 哀, 愁)의 심정으로 읊조린 고시(古詩)이다. 친구와의 이별을 슬퍼한 사공서司空曙의 〈운양관여한신별숙雲陽[47]館[48]與韓紳[49]別宿〉이란 시도 여성적 애조 애상이 드러난다.

벗과 강해(江海)에서 이별한 뒤
몇 번이나 산천에 막히었던가.
갑자기 만나니 오히려 꿈인 듯
서로 슬퍼하며 몇 년간의 일을 묻는다.
외로운 등잔불 차갑게 내리는 비를 비추고

故人江海別　고인강해별
幾度[51]隔山川　기도격산천
乍[52]見翻[53]意　몽사견번의몽
相悲各問年[54]　상비각문년
孤燈寒照雨　고등한조우

사공서가 운양관(雲陽館)에서 친구 한신경(韓紳卿)과 하룻밤을 자고 다음날 아침에 있을 이별에 대한 슬픔을 노래한 시이다. '비(悲)', '고(孤)', '한(恨)', '석(惜)' 등의 시어에서 여성적 애조 애상의 정서가 깊게 묻어나고 있다. 맹교孟郊(751-814)의 〈문침聞砧[55]〉은 타지에서 다듬이질 소리 듣

47) 縣의 이름. 지금의 섬서성 涇陽縣에 있다.

48) 역참의 관사

49) 어떤 판본에는 韓升卿이라고 했는데, 韓紳卿의 잘못인 듯하다. 韓愈에게는 韓紳卿이라는 숙부가 있었는데 일찍이 涇陽縣令을 지냈다 한다.

50) 함께 잔 후 이별하다.

51) 번

52) 갑자기

53) 反, 도리어

54) 몇 년간의 일을 묻다.

55) 방망이 다듬이질 소리를 듣다.

는 나그네의 애절함을 읊은 시이다.

두견새 소리도 이보다 슬프지 않고
외로운 잔나비 울음도 이보다 애절하지 않네.
달 아래 어느 집에서 다듬이질인가?
한 소리마다 창자 한 마디씩 끊기네.
방망이 소리 나그네 위하는 것 못되니
나그네 듣고는 머리 저절로 희어지네.
방망이 소리 옷 다듬기 위한 것 아니라
나그네 마음 슬프게 해주려는 것일세.

杜鵑聲不哀　　두견성불애
斷猿啼不切[56]　　단원제부절
月下誰家砧　　월하수가침
一聲腸一絶　　일성장일절
杵聲不爲客　　저성불위객
客聞髮自白　　객문발자백
杵[57]聲不爲衣　　저성불위의
欲令游子[58]悲　　욕령유자비

'애(哀)', '단(斷)'. '절(切)', '절(絶)', '비(悲)'란 시어에서 애절하고 슬픔을 느낄 수 있다. 이런 애절하고 슬픈 정서는 여성적 정서에 가깝다고 할 수 있다.

한시에는 원망(怨)을 읊은 작품도 많으며, 또한 제목 자체에 아래에 인용할 어현기(魚玄機)의 〈추원(秋怨)〉처럼 〈00원(怨)〉이라고 한 작품이

56) 애절하다.
57) 다듬이 방망이
58) 집나간 사람, 나그네

많다. 〈옥계'원'(玉階'怨')〉, 〈궁'원'(宮'怨')〉, 〈규'원'(閨'怨')〉, 〈춘'원'(春'怨')〉, 〈요슬'원'(瑤瑟'怨')〉 등이 그것이다. 이는 모두 님이 자신에게 돌아와(歸) 자신과 〈더불어 하나〉되지 못한 심정을 원망조로 읊은 작품들이다.

스스로 탄식함은 정이 많아 족히 시름함이니
하물며 바람과 달이 정원에 가득 찬 가을임에랴.
규방에 지겹게도 시간을 알리는 소리만 가까운데
밤마다 등불 앞에서 흰머리만 늘어가는 것을

自歎多情是足[59]愁	자탄다정시족수
況當風月滿庭秋	황당풍월만정추
洞房[60]偏[61]與更聲[62]近	동방편여경성근
夜夜燃前欲白頭	야야연전욕백두

어현기魚玄機의 〈추원秋怨〉이란 이 작품은 가을 밤 님이 떠난 텅 빈 규방에서 여인네가 홀로 쓸쓸히 잠 못 드는 밤을 지새우며 헛되이 흰머리만 늘어나는 것을 원망조로 읊고 있는 규원시라고 할 수 있다.

한시에는 또한 가슴에 품음(懷)과 한스러워함(恨)을 주제로 한 시도 적지 않다. 객지나 변방에서 님이나 친구와 떨어져 있으며 고향에 돌아가지 못하고 늙은 몸으로 정처 없이 떠돌아다니는 자신의 처량한 신세를 한스러워(恨)하거나, 님과 친구를 마음에 품으며(懷) 그 감회를 읊은 시도 부지기수로 많다. 또 어떤 사건이나 경물에 접해 자신의 처량한 감회(懷)를 읊조린 시 역시 많다. 한시 제목에도 '회(懷)'나 '한(恨)' 등이 쓰여

59) '足'은 '多'와 의미가 같음.

60) 閨房

61) 지겹게도

62) '更'은 밤을 다섯 등분한 단위. 매 更마다 북을 쳐서 시간을 알렸다.

져 있는 것도 많은데, 〈영'회'시(詠'懷'詩)〉, 〈술'회'(述'懷')〉, 〈여야서'회'(旅夜書'懷')〉, 〈동왕징군동정유'회'(同王徵君洞庭有'懷')〉, 〈공로감'회'(鞏路感'懷')〉, 백거이의 유명한 〈장'한'가(長'恨'歌)〉, 〈유'회'(遺'懷')〉, 〈한거감'회'(閑居感'懷')〉 등이 그것이다. 어떤 사실이나 사람(님이나 친구)을 가슴 속 깊숙이 품는다(懷)거나 혹은 자신의 슬픈 신세를 한스러워한다(恨)는 정서 역시 인류학적인 입장에서 볼 때 이는 남성적인 정서라기보다 여성적인 정서에 훨씬 가깝다. 나그네 생활에서 오는 고독과 쓸쓸함을 가슴시리도록 품고(懷) 처량하게 읊은 시로 두보의 〈여야서회旅夜書懷〉를 읽어보자.

잔풀들이 미풍에 흔들리는 언덕
높다란 돛대 배에 홀로 밤을 지새는 도다.
별이 드리운 들판은 넓고
달빛 내리는 큰 강은 흘러만 가고 있구나.
명성이 어찌 문장으로 드러나오리마는
관직도 오랜 병으로 그만 두었도다.
바람 따라 유랑하는 나는 무엇과 비슷한가?
하늘과 땅 사이의 한 마리 모래 갈매기로다.

細草微風岸　세초미풍안
危檣[63]獨夜舟　위장독야주
星垂平野闊　성수평야활
月涌大江流　월용대강류
名豈文場著　명개문장저
官因老病休　관인로병휴
飄飄何所似　표표하소사
天地一沙鷗　천지일사구

63) 높다란 돛대

이 시는 두보가 성도(成都)를 떠나 양자강을 따라 형주(荊州)로 방면되어 내려가는 도중에 느낀 시인 자신의 감회를 읊은 것이다. 만년(54세)에 다시금 방랑길에 나서야만 하는 작자의 고독과 인생에 대한 체념이 뒤범벅되어 있다. 이처럼 자신의 회포(懷)를 적은 한시는 적지 않다. 구양수의 〈추회秋懷〉라는 작품도 가을이 되어 자신의 회포를 읊은 작품이다.

계절의 풍물 어찌 좋지 않단 말인가?
가을의 회포가 어이하여 암담한가?
가을바람에 저자의 술집 깃발 나부끼고,
보슬비 속에 철만난 국화만 피어 있네.
세상일에 대한 감회로 희어진 양편 귀밑머리 슬프고,
많은 녹 먹고 지내는 것이 부끄럽네.
어느 날에 작은 수레 몰고
영수(潁水) 동쪽 밭 있는 곳으로 돌아가게 될까?

節物[64]豈不好　절물기불호
秋懷何黯然[65]　추회하암연
西風酒旗市[66]　서풍주기시
細雨菊花天　세우국화천
感事悲雙鬢[67]　감사비쌍빈
包羞[68]食萬錢[69]　포수식만전

64) 계절의 풍물, 계절에 따른 물건들.

65) 암담한 모양, 의기소침한 모양.

66) 저자에 나부끼는 술집 표시로 내걸은 깃발.

67) 양편 귀밑머리

68) 부끄러움을 알다.

69) 만전을 먹고 지내다, 많은 봉급을 받다.

鹿車[70]何日駕　　녹거하일가
歸去潁東田[71]　　귀거영동전

구양수는 인종(仁宗) 때 참지정사(參知政事)란 부재상으로 나랏일을 보다가 신종(神宗) 때 왕안석이 신법(新法)을 시행하자, 벼슬을 그만두고 영주(潁州)로 물러나 서호(西湖) 근처에서 육일거사(六一居士)라고 자호하며 살았다고 한다. 이 시도 그 무렵 지어진 것으로 가을이 되어 모든 벼슬 던져두고 영수(潁水)로 돌아가 살고 싶은 시인의 회포를 그리고 있다. 이처럼 한시에는 시인의 회포(懷)를 읊은 시가 적지 않다. 무언가를 직접 말하지 않고 생각을 가슴에 이렇게 품고 있다(懷) 라는 것은 인류학적으로 볼 때 남성적인 정서에 가깝다기보다는 역시 여성적인 정서에 훨씬 가깝다고 할 수 있다.

이 외에도 한시에는 '상(傷)', '고(苦)', '의(意)', '념(念)', '정(情)', '음(吟)' 등의 시어가 많이 등장한다. 모두 마음 아프거나 고통스러우며 또한 생각하고 그리워하며 읊조린다는 의미를 품고 있다. 님과 친구와 고향과 〈더불어 하나〉되지 못해 가슴 아프고(傷) 고통스러우며(苦) 또한 그런 자신의 슬픈 처지를 읊조리며(吟), 또한 그 님과 친구와 고향을 생각하고 그리워하는(意, 念, 情) 의미로 이들 시어가 많이 사용되고 있다. 심전기沈佺期(656-713)의 〈잡시雜詩〉를 읽어보자.

듣건데 황룡(黃龍)의 수자리
해마다 군사를 놓아주지 않네.

---

70) 사슴 한 마리를 실을 수 있는 작은 수레.

71) 潁水 동쪽 밭. 영수는 하남성 중간에 흘러 안휘성에서 淮水로 흘러드는 강물 이름

가련한 규방의 달
오랫동안 한나라 병영에 떠 있네.
어린 아낙네 올 봄의 '뜻(意)'
낭군의 어젯밤 '정(情)'이로다.
누가 능히 군사를 통솔하여
단번에 용성(龍城)을 취할 수 있으리.

聞道黃龍戍[72] 문도황용수
頻年不解兵 빈년부해병
可憐閨裏月 가련규리월
長在漢家營 장재한가영
少婦今春'意' 소부금춘'의'
良人昨夜'情' 양인작야'정'
誰能將旗鼓 수능장기고
一爲取龍城 일위취용성

전형적인 규원시이다. 제 5구의 소부(少婦)의 '뜻(意)'은 낭군이 빨리 수자리에서 돌아오기(歸)를 바라는 것이고, 이 '뜻(意)'은 바로 제 6구의 낭군 역시 바라는 '정(情)'이기도 하다. 이처럼 한시에는 '의(意)'과 '정(情)'이라는 시어가 많이 등장한다. 이는 함께 합쳐 〈더불어 하나〉되고 싶어 하고 또한 떨어져 있기(去) 싫어하는 감정을 읊은 규원시, 행역시, 님 그리는 시, 사우시, 사향시, 유자시, 객수시, 별리시, 송별시 등이 한시에서 많이 지어졌기 때문에, 한시에는 이런 감정 즉 헤어지기(去) 싫고 돌아가(歸) 함께 있고 싶은 뜻(意)과 정(情)을 읊은 시가 많은 것이라 할 수 있다. 이처럼 한시에 비(悲), 애(哀), 수(愁), 원(怨), 회(懷), 한(恨), 상(傷), 고(苦), 의(意), 념(念), 정(情), 음(吟), 가련(可憐)의 정서를 읊은 시가

72) 黃龍 지방의 군사 요새로 지금의 요녕성 開源縣 서쪽에 있음.

많은데, 이는 분명 남성적인 정서라기보다 여성적인 정서에 훨씬 가깝다고 할 수 있다.

또한 한시에는 시인 자신이 분명 남성인데도 불구하고, 여성적인 입장에서 지은 시들이 많다. 규원시, 염정시, 궁원시, 기녀시 등과 같은 여성적 입장에서 지은 시가 실은 대부분 남성에 의해 지어지고 있다. 그들은 여성의 입장에서 지은 이들 시들을, 신하가 군주를 그리워하는 (思) 시로 해석하기도 하는데, 실은 이와 같이 해석할 수 있음으로 인해 남성 시인들이 여성의 입장에서 규방시, 염정시, 궁원시, 기녀시 등을 마음대로 짓도록 하는데 일조를 해주었을 것으로 여겨진다. 또 다른 예로 육조시대 사조謝脁의 〈옥계원玉階怨[73]〉이란 시를 읽어보자.

저녁 궁전에 진주 발 내리고
반딧불이 날다가 또 사려져 버린다.
긴긴밤 명주옷 짓노라니
님을 그리워함이 이 얼마나 심한가.

夕殿下珠簾[74]　석전하주렴
流螢飛復息[75]　류형비복식
長夜縫羅衣　장야봉나의
思君此何極　사군차하극

사조는 분명 남성 시인임에도 불구하고 〈옥계원〉 같은, 궁중 여인네의 입장에서 노래한 이런 궁원시를 짓고 있다. 그러나 이와 반대로

73) 樂府曲으로, 궁녀의 원망을 그린 시로 당나라 때 絶句의 序曲이라 평가되고 있다.

74) 궁녀가 총애를 잃었음을 의미함.

75) 쓸쓸하고 처량함을 나타냄.

여성 시인이 남성의 입장에서 행역시 변새시 같은 것을 짓는 것은 별로 없다. 한시 그것이 그 얼마나 여성적 정서가 많이 서려있는 가를 알 수 있게 한다. 한시에서 이런 여성적 애조 애상의 정서는 규방시 규원시와 님 그리는 시 그리고 염정시 기녀시 궁원시의 부류에 자주 보인다.

3) 그리움(思)과 기다림 - 사(思), 억(憶), 상(想), 회상(回想)과 등(等), 대(待)

한시의 기본적인 정서라고 하는 그리워한다(思), 회상한다(憶, 回想), 생각한다(想) 등의 정서는 인류학적인 입장에서 볼 때 이 역시 남성적인 정서에 가깝다기보다는 여성적인 정서에 훨씬 가깝다. 이렇게 한시에 사(思), 억(憶), 상(想), 회상(回想) 등의 여성적인 정서가 많이 베여있는 것은, 女 그것이 바로 회귀적 관념의 표상이라는데 있다. 생리 때문에 1달을 주기로 생체리듬 즉 바이오리듬이 순환 회귀하는 회귀적 관념의 표상인 이 여성의 정서가 한시에 많이 나타나는 것은 그것이 바로 24절기를 주기로 끊임없이 순환 회귀적(歸)인 삶을 살아온 농경민족 중국인들의 기본적인 순환 회귀적(歸)인 심성과 맞았기 때문일 것이다. 한시에는 제목 자체에 사(思), 억(憶), 상(想), 회상(回想) 등이 있는 시도 적지 않다. 〈구월구일'억'산중형제(九月九日'憶'山中兄弟)〉, 〈정야'사'(靜夜'思')〉, 〈춘일'억'이백(春日'憶'李白)〉, 〈월야'억'사제(月夜'憶'舍弟)〉, 〈춘'사'(春'思')〉, 〈추'사'(秋'思')〉, 〈팔월십오일야금중독직대월'억'원구(八月十五日夜禁中獨直對月'憶'元九)〉 등이 그것이다. 이 외에도 한시에는 그리움(思), 회상(憶, 回想), 생각(想) 등을 주제로 한 시는 부지기수이다.

이 중 한시에 보편적으로 깔려있는 가장 기본적인 정서는 그리움

(思)이라고 할 수 있다. 규원시 행역시는 님에 대한 그리움(思)을 주제로 하여 읊은 시이고, 사우시는 친구에 대한 그리움(思)을 주제로 하여 읊은 시이며, 유자시 객수시 등은 고향에 대한 그리움(思)과 그 고향으로 돌아가지(歸) 못한다는 데서 오는 비애감과 고독을 읊은 시이다. 사향시는 고향에 대한 그리움(思)을 읊은 시이며, 궁원시 기녀시 등은 임금이나 님에 대한 그리움(思)을 읊은 시라고 할 수 있다. 한시에서처럼 그리움(思)을 주제로 하여 읊은 시가 이렇게 많은 것도 세계문학사에서 보기 드문 것으로 여겨지는데, 이는 그리움(思) 그것이 여성적인 정서로 24절기를 주기로 끊임없이 순환 회귀적인 삶을 살아온 농경민족 중국인들의 정서에 잘 맞았기 때문일 것이다. 우리 민족이 읊은 민요나 사대부들이 지은 가사(歌詞)나 한시(漢詩)에도 그리움(思)을 주제로 한 것이 많으며, 실은 농경민족인 우리민족이나 중국인들이 주로 읊은 민요 중 가장 많은 분량을 차지하는 내용이 바로 님에 대한 그리움(思)을 주 주제로 하여 읊은 것들이다. 정철이 지은 〈사마인곡(思美人曲)〉, 〈속미인곡(續美人曲)〉은 말할 것도 없고, 고려 속요인 〈동동〉, 〈가시리〉, 〈정과정곡〉같은 것은 모두 떠난 님에 대한 그리움(思)을 주 주제로 하여 읊은 작품이며, 우리 민족의 정서를 가장 잘 대변하고 있는 대표적인 민요인 〈아리랑〉 역시 그 주제가 님에 대한 그리움(思)이다. 그리움(思)을 주제로 한 시 중 이백의 유명한 〈정야사靜夜思〉를 다시 읽어보자.

침상 앞에서 달빛을 보고,
이것이 지상의 서리인가 의심했네.
머리 들어 산의 달을 바라보고,
머리 숙여 고향을 그리워하는 도다.

牀前看月光　　상전간월광
疑是[76]地上霜　　의시지상상
擧頭望山月　　거두망산월
抵頭思故鄕　　저두사고향

이백은 타향에서 달을 쳐다보며 망향의 정에 사무치고 있다. 이와 같이 고향을 그리는(思) 시는 한시에 굉장히 많다. 또한 한시에는 님에 대한 그리움(思)을 읊은 규방시, 규원시, 염정시, 기녀시, 궁원시와 행역시 그리고 임금을 그리는(思) 시 역시 부지기수로 많다. 그 중 가장 대표적인 님 그리는(思) 시인 규원시로 설도薛濤(760-832)의 〈춘망사春望詞〉를 읽어보자.

꽃이 피어도 함께 감상할 수 없고
꽃이 져도 함께 슬퍼할 수 없네.
그리운 당신 계신 곳 물어보려 하노니
꽃피고 꽃질 때 (무슨 생각으로 보시는지요.)

花開不同賞[77]　　화개부동상
花落不同悲　　화락부동비
欲問相思處[78]　　욕문상사처
花開花落時　　화개화락시

당대 유명한 여류시인 설도의 규원시이다. 멀리 떠난 님에 대한 그리움(思)이 아주 잘 묘사되어 있다. 그리움(思)을 주제로 한 이백의 〈장

76) …인가 의심하다.
77) 당신과 함께 감상할 수 없다.
78) 그리운 당신이 계신 곳

상사長相思〉란 작품의 제 2수를 읽어보자.

해 이미 저물어 꽃은 안개 속에 있고
달은 하얗게 밝아오나 근심에 잠 못 이루네.
조슬(趙瑟)을 연주하다 봉황주(鳳凰柱)를 눌러 멈추고
촉금(蜀琴)을 꺼내 원앙현(鴛鴦絃)을 연주하려는데
이 곡에 깃들인 뜻을 전할 이 없으니
봄바람 따라 연연산(燕然山)에 부치길 바라네.
그대 생각하나 저 멀리 푸른 하늘에 격해있으니
지난날 추파 던지는 눈에서
이제는 눈물샘이 넘쳐납니다.
첩의 애간장 녹는 것 못 믿으시겠다면
돌아와 밝은 거울 앞에 보세요.

日色已盡花含煙　일색이진화함연
月明欲素愁不眠　월명욕소수불면
趙瑟[79]初停鳳凰柱　조슬초정봉황주
蜀琴[80]欲奏鴛鴦絃　촉금욕주원앙현
此曲有意無人傳　차곡유의무인전
願隨春風寄燕然[81]　고수춘풍기연연
憶君迢迢[82]隔靑天　억군초초격청천
昔日橫波目[83]　석일횡파목
今成流淚泉　금성유루천

79) '瑟'은 현악기 이름인데, 전국시대 조나라 여자가 잘 연주했다고 하여 '趙瑟'이라고 함.

80) 司馬相如가 臨邛에 갔을 때 卓王孫의 딸 文君이 이 琴을 잘 연주해 이에 반해 사마상여가 그녀와 함께 도망갔다는 고사에서 '蜀琴'이라고 함.

81) 지금 몽골의 杭愛山으로 여기에서는 변방을 나타냄.

82) 멀리 아득한 모양.

83) 여자가 교태를 부려 눈길을 돌려 째려보는 것.

不信妾腸斷　　불신첩장단
歸來看取明鏡前　　귀래간취명경전

〈장상사(長相思)〉는 악부 잡곡가(雜曲歌)에 속하는데, 대부분 이처럼 남편을 그리는(思) 애절한 정을 표현하고 있다. 변방으로 떠난 님을 그리는(思) 여인네의 애절한 심정이 너무나 간절하다. 시인 이백이 남성임에도 불구하고 여인의 입장에서 이런 시를 지은 것은 한시에 그 얼마나 여성적 정서가 깊게 배여 있는가를 알 수 있게 해준다. 한시에서 많은 분량을 차지하는 규방시 행역시가 님에 대한 그리움(思)을 읊은 시이다.

지난해 어느 때에 당신이 나를 떠나갔던가?
남쪽 동산 푸른 풀 위에 나비가 날고 있을 때였지.
올해는 어떤 때이길래 내가 그대를 그리고 있는가?
서쪽 산에 흰 눈이 쌓였고 진 땅에 구름이 덮여있기 때문이네.
옥문관은 여기서 3천리나 떨어져 있으니
편지를 부치고 싶어도 어떻게 들리게 될 수 있는가?

去歲[84]何時君別妾　　거세하시군별첩
南園綠草飛胡蝶　　남원녹초비호접
今歲何時妾憶君　　금세하시첩억군
西山白雪暗秦雲[85]　　서산백설암진운
玉關此去三千里　　옥관차거삼천리
欲寄音書那得聞　　욕기음서나득문

84) 지난해. 남편이 떠나갔을 때를 생각하는 것이다.
85) 진나라 땅 곧 지금의 섬서성 일대의 하늘을 덮은 구름.

서쪽 옥문관에 수자리 간 남편을 그리워(思)하며 읊은 전형적인 규방시이다. 두보의 〈월야억사제月夜憶舍弟〉란 시는 달밤에 고향 아우를 생각하며(憶) 읊은 작품이다.

수자리 북소리에 사람 발길 끊어지고
변방의 가을에는 한 마리 기러기 소리.
이슬이 오늘 밤부터 희게 변하고
달은 고향에서도 밝으리라.
아우들이 있으나 모두 뿔뿔이 흩어지고
생사를 물어볼 집조차도 없네.
편지를 보내도 오래토록 전해지지 못하는 터
하물며 아직 전쟁이 끝나지 않았음에랴!

戍鼓斷人行[86]　수고단인행
邊秋一雁聲　변추일안성
露從今夜白[87]　노종금야백
月是故鄉明　월시고향명
有弟皆分散　유제개분산
無家問死生　무가문사생
寄書長不達　기서장부달
況乃未休兵　황내미휴병

시인은 타향에서 백로절(白露節)을 맞아 향수에 젖고, 또한 전란 중에 뿔뿔이 흩어진 아우들을 걱정하며 생각하고(憶) 있다. 이 작품 속에는 아우들과 함께 살았던 과거시절로 돌아가고 싶은 심정이 깊게 배

86) '戍鼓'는 戍樓의 북. 변방 수자리하는 곳에서는 야간에 북을 울려 사람의 통행을 금지시켰다.

87) 白露節이 되었음을 뜻함.

어있다. 왕유가 고향의 형제들을 생각한(憶) 시로 〈구월구일억산동형제九月九日[88]憶山東[89]兄弟〉란 시를 읽어보자.

홀로 타향에서 나그네 되니
매번 명절 때마다 가족에 대한 그리움 더욱 간절하네.
아련히 알건데 (올 중양절에도) 형제들 높은 산에 올라
두루 수유를 머리에 꽂을 때 (나) 한사람 적으리라.

獨在異鄕爲異客　독재이향위이객
每逢佳節倍思親　매봉가절배사친
遙知兄弟登高處　요지형제등고처
遍揷茱萸[90]少一人　편삽수유소일인

이 시는 왕유가 17세에 지은 시로 알려져 있다. 당시 그는 장안에서 화산(華山) 동쪽인 그의 고향 포주(蒲州 지금의 산서성 영제永濟)에 있는 형제들을 생각하며 이 시를 지었다고 한다. 타향에서 중양절 날 홀로(獨) 보내며 고향에 있는 가족을 그리워하고(思), 형제들을 생각하고(憶) 있는 것이다. 이처럼 한시에는 그리워하고 생각하는 정서의 작품이 굉장히 많다. 그리워한다(思) 생각한다(憶)라는 정서는 인류학적인 입장에서 볼 때 이는 분명 남성적인 정서에 가깝다기보다는 여성적인 정서에 가깝다고 할 수 있다.

또한 기다림(等, 待)을 주제로 한 시로 맹호연의 〈숙업사산방대정대

88) 重陽節

89) 華山의 동쪽

90) 수유. 향기가 나는 짙은 식물. 옛날에 중양절에 높은 산에 올라 국화주를 마시고 수유의 열매를 머리에 꽂으며 사악한 기운을 물리치는 풍습이 있었다.

부지宿業師[91]山房待丁大[92]不至〉란 시를 읽어보자.

> 석양이 서쪽 봉우리 넘어가니
> 뭇 계곡 어느 듯 어둑해지네.
> 소나무에 걸린 달에서 저녁 서늘함 생겨나고
> 바람 스치는 샘에는 맑은 소리 가득하다.
> 나무꾼들은 거의 다 돌아가고
> 저녁 안개 속의 새들은 둥지를 막 틀었다.
> 그 사람 묵으러 돌아온다고 기약했으니
> 홀로 거문고 안고 여라 우거진 길에서 기다려본다.

> 夕陽度西嶺　　석양도서령
> 群壑倏[93]已暝　　군학숙이명
> 松月生夜凉　　송월생야량
> 風泉滿淸聽　　풍천만청청
> 樵人歸盡欲　　초인귀진욕
> 煙[94]鳥棲初定　　연조서초정
> 之子[95]期宿來　　지자기숙래
> 孤琴候蘿徑[96]　　고금후라경

시인 맹호연이 스승의 산방(山房)인 여라(女蘿) 우거진 길에서 친구 정대(丁大)를 기다리며(待) 읊은 시이다. 이백의 〈조춘기왕한양早春寄王漢陽[97]〉은 친구가 돌아오기를 기다리는(待) 참된 우정을 그린 시이다.

---

91) 스승

92) 丁氏 집 첫째 아들

93) 홀연히

94) 산이나 숲에서 피워 오르는 烟霧를 말함.

95) 시인이 기다리는 丁大를 지칭함.

96) 女蘿가 자라는 오솔길

97) 이른 아침 漢陽 縣令인 왕 아무개에게 부친다는 뜻. 왕한양이 누구인지는 알

봄이 돌아온다는 말을 들었으나 아직 몰라서,
일어나 찬 매화 곁으로 가서 소식을 알아보네.
어젯밤 동풍이 무양(武陽)으로 불어들더니,
길가의 버드나무가 황금빛을 띠었네.
푸른 강물은 아득하고 구름은 자욱하니,
그리운 그대 오지 않아 공연히 애끊이네.
미리 푸른 산의 한 바위를 깨끗이 만들어,
그대와 연일 술잔 들며 취하고 싶네.

聞道[98]春還未相識	문도춘환미상지
起傍寒梅訪消息	기방한매방소식
昨夜東風入武陽[99]	작야동풍입무양
陌頭[100]楊柳黃金色	맥두양류황금색
碧水渺渺[101]雲茫茫	벽수묘묘운망망
美人[102]不來空斷腸	미인불래공단장
預[103]拂靑山一片石	예불청산일편석
與君連日醉壺觴[104]	여군연일취호상

왕한양(王漢陽)이란 친구를 무작정 기다리며(待) 그가 돌아오면 함께 술을 마시려고 미리 푸른 산 위의 바위를 깨끗이 청소하려고 하고 있다. 친구를 기다리는(待) 애틋한 정이 잘 묘사되어 있다.

수 없다.

98) 말하는 것을 들었다. 道는 말하다는 뜻.

99) 장강과 漢水가 합치는 지점에 있는 武漢三津 즉 武昌 漢口 漢陽 중 武昌을 가리킴.

100) 거리, 길가

101) 물이 질펀한 모양

102) 왕한양을 가리킨다, 그리운 그대라는 뜻.

103) 미리

104) 술병과 술잔

이처럼 한시에는 기다림을 주제로 한 시가 많다. 친구나 님을 직접 찾아나서는 것을 읊은 시는 거의 없고, 이렇게 소극적으로 기다리며 읊고 있는데, 기다린다(等, 待)는 정서는 인류학적인 입장에서 볼 때 역시 남성적 정서라기보다는 여성적인 정서에 훨씬 가깝다. 비가 와야 할 때 비가 오기를 햇볕이 쬐어야 할 때 햇볕이 쬐어주기를 항상 기다리며(等, 待) 평생을 살아온 농경민족 중국인들은, 그들이 그렇게 즐겨했던 한시에도 이처럼 기다림(等, 待)을 주제로 한시가 많은 것이다. 누대나 산마루에 올라 멀리 내다보며 님이나 친구가 돌아오기를(歸) 기다리며(等, 待) 읊은 시가 부지기수이다. 또한 님을 기다리다 기다리다 기다림에 지쳐 고갯마루에서 돌이 되고 망부석(望夫石)이 되었다는 전설과 시 작품도 많다.

한시에서 그리움(思)의 정서가 주로 나타나는 시로는 규방시 규원시, 행역시, 님 그리는 시, 사우시 그리고 사향시 회향시와 염정시 기녀시 궁원시 부류에서 주로 나타난다. 또한 기다림(待)의 정서를 나타내는 시는 규방시 규원시와 님 그리는 시, 사우시 그리고 염정시 기녀시 궁원시 부류에 자주 보인다.

4) 아쉬움(惜)과 두려움(恐)

한시에는 '아쉬움'의 정서를 나타낸 작품이 많다. '아쉬워한다'라는 정서 역시 인류학적 입장에서 볼 때 그것은 남성적인 정서라기보다 여성적인 정서에 훨씬 가깝다고 할 수 있다. 봄을 보내는 아쉬움을 읊은 시로 장뢰張耒(1052-1112)의 〈상춘傷春[105]〉이란 시를 읽어보자.

105) 봄이 가는 것을 가슴 아파 하는 것.

뜬구름 둥실둥실 봄빛을 함께 보내고 있어,
가벼운 추위 속에 해 저무는 것 보기 겁나네.
밤새 빗소리 났으니 무엇을 어떻게 되었을까?
새벽이 되자 온 성 안의 꽃이 모두 떨어졌네.

浮雲冉冉[106]送春華　　부운염염송춘화
怯[107]見輕寒日欲斜　　겁견경한일욕사
一夜雨聲能幾許　　일야우성능기허
曉來落盡一城花　　효래락진일성화

봄밤에 빗소리 나 다음날 일어나보니 성 안의 모든 꽃들이 떨어진 것을 아쉬하고 있다. 봄이 빨리 지나가는 것이 아쉬운 것이다. 도연명의 〈위고擬古〉라는 작품을 읽어보자.

해는 저무는데 하늘에 구름이 없고
봄바람이 부채질하듯 부드럽고 따뜻하네.
님은 맑은 밤을 좋아하여
새벽까지 술 마시고 노래한다.
노래를 다하고 길게 한숨 쉬니
특별히 이에 많은 사람들이 감동한다.
구름 사이의 달은 교교하고
잎 속의 꽃은 눈부신데,
어찌 한 때의 아름다움이 없겠냐마는
오래가지 않으니 마땅히 어찌하리.

日暮天無雲　　일모천무운
春風扇微和　　춘풍선미화

106) 떠가는 모양.

107) 겁내다, 무서워하다.

佳人美淸夜　　가인미청야
達曙酣且歌　　달서감차가
歌竟長歎息　　가경장탄식
特此感人多　　특차감인다
皎皎雲間月　　교교운간월
灼灼葉中華　　작작엽중화
豈無一時好　　기무일시호
不久當如何　　불구당여하

구름 사이의 달은 밝고 잎 속의 꽃은 눈이 부시도록 아름답지만, 이 아름다움 역시 시간이 흘러감에 따라 오래가지 못할 것이라고 하면서 아쉬워하고 있다. 이처럼 한시에는 시간의 흐름에 따라 봄날의 좋은 경치 혹은 님과 함께 한 즐거운 시간 등이 변형되는데 대한 아쉬움을 읊은 시가 적지 않다. 아쉬워한다는 것은 남성적 정서라기보다는 여성적 정서에 훨씬 가깝다.

또한 한시에 '공(恐)'이란 시어가 많이 등장하고 있다. 님이 떠나갈까, 자신이 늙을까, 님이 자신을 버릴까, 친구와 헤어질까, 고향을 떠나 나그네가 될까 하여 두려워하는(恐) 작품이 굉장히 많은 것이다. 지금의 현실이 변하여 chaos(불완전한) 상태가 될까 두려워한다는 것인데, 이 정서 역시 인류학적인 입장에서 볼 때 남성적인 정서라기보다 여성적인 정서에 훨씬 가깝다고 할 수 있다. 중국인 그들은 고향에서 그리고 님과 혹은 친구와 더불어 자연과 전원을 즐기며 또한 늙고 시들지 않는 이 현상을 유지하며 살기를 바랬지, 그것이 변하여 고향을 떠나 님과 혹은 친구와 헤어져 님과 친구가 나를 알아주지 않는 상태에서 늙고 시든 상태가 되어버리는 것이 두려운(恐) 것이다. 그래서 가을의 조락, 강물의 흐름을 세월의 흐름으로, 혹은 달의 차고 기우는 것을 인생과 역사의 흥망성쇠에 비유하여 인생의 무상감에서 오는 비애감을 두려워하며(恐) 읊은 작품 역시 많다. 장구령張九齡의 〈조경견백발照鏡見白髮〉는 늙음 즉 시간의 흐름(去)이 가져다주는 두려움(恐)을 읊고 있다.

옛날에는 청운의 뜻을 품고 있었지만,
우물쭈물하는 사이에 백발의 나이 되었구나.
누가 생각이나 했으랴, 거울 속에서
나와 내 그림자 서로 불쌍히 여기게 되리라고.

宿昔靑雲志　숙석청운지
蹉跎白髮年　차타백발년
誰知明鏡裏　수지명경리
形影自相憐　형영자상련

늙고(去) 싶지 않은 것이다. 늙음이 가져다주는 두려움(恐)을 읊고 있다. 항상 원형으로 회귀하고(歸) 싶은 농경민족 중국인들은 젊을 때 젊음을 찬양한 시를 별로 짓지 않고 항상 이렇게 나이가 든 후에 그 늙음이 주는 두려움(恐)을 읊고 있는데, 이 속에는 다시 젊은 시절(原型)로 되돌아갔으면(歸) 하는 욕망이 들어있다. 맹교孟郊의 〈유자음遊子吟〉은 길 떠나는 자식이 늦게 돌아올까 걱정하고 두려워하는(恐) 어머니의 심정을 읊은 작품이다.

자애로운 어머니의 손 안의 실로
길 떠나는 자식의 옷을 만들었지.
길 떠날 때 한 올 한 올 꼼꼼하게 꿰매는 마음
혹시나 이 자식 더디 올까 두렵기 때문이네.
누가 말하였든가 어찌 한 치 풀 같은 작은 마음으로
따뜻한 봄볕같은 어머님 은혜 갚을 수 있겠느냐고

慈母手中線　　자모수중선
遊子身上衣　　유자신상의
臨行密密縫　　임행밀밀봉
意恐遲遲歸　　의공지지귀
誰言寸草心　　수언촌초심
報得三春輝　　보득삼춘휘

길 떠나는 자식을 위해 정성들여 옷 해 입히는 어머니의 감정이 잘 묘사되어 있다. 어머니는 길 떠나는 자식이 늦게 돌아올까 걱정되고 두렵다(恐). 맹호연의 〈춘효春曉〉는 밤새 비바람에 꽃이 얼마나 떨어졌을까 두려워한 작품이다.

봄잠에 새벽이 된 것도 몰랐는데,
여기저기서 새 울음소리 들려오네.
밤새 비바람 소리 났으니
꽃은 얼마나 떨어졌을까?

春眠不覺曉　　춘면불각효
處處聞啼鳥　　처처문제조
夜來[108]風雨聲　　야래풍우성
花落知多少　　화락지다소

밤새 비바람 소리에 꽃이 얼마나 떨어졌을까 걱정되고 두려워하고 있다. 이처럼 한시에는 아쉽고(惜) 두려움(恐)의 정서를 그린 작품이 적지 않다. 이런 아쉬움(惜)과 두려움(恐)의 정서는 한시 중에서도 별리시 송별시 증별시 유별시와 영사시 영회시 영고시 회고시 그리고 감회시 감우시와 탄로시 인생무상시 부류에 많이 나타난다.

---

108) 밤새

5) 외로움과 적막 처량함 - 고(孤), 독(獨), 일(一), 공(空), 무(無)와 적(寂), 소(簫)

한시에는 외로움을 나타내는 시어인 '고(孤)', '독(獨)', '일(一)', '공(空)', '고주(孤舟)', '공산(空山)' 등의 시어가 많이 보인다. 특히 규원시, 행역시, 사우시, 변새시, 유자시, 객수시, 별리시, 송별시, 탄로시 등과 같이 현재 자신이 처한 상태를 chaos(불완전한) 상태로 보고 그 자신의 고독과 외로움을 읊은 시 속에 이런 시어가 많이 등장한다. 외로워한다는 것 역시 인류학적인 입장에서 볼 때 남성적 정서라기보다 여성적 정서에 훨씬 가깝다고 할 수 있다. 맹호연孟浩然의 〈송두십사지강남送杜十四之江南〉이란 시를 읽어보자.

> 형(荊) 땅과 오(吳) 땅은 서로 이어져 물의 마을이라 하는데
> 그대 가는 봄 강은 불어 바로 끝없이 넓을 터
> 날 저물면 그대 '외로운 배(孤舟)' 어디에 정박할까?
> 하늘 끝 한번 바라보니 사람 창자 끊는구나.

荊吳[109]相接水爲鄕	형오상접수위향
君去春江[110]正淼茫[111]	군거춘강정묘망
日暮'孤舟'何處泊	일모'고주'하처박
天涯一望斷人腸[112]	천애일망단인장

두십사(杜十四)를 강남땅으로 송별하며(去) 지은 시로, 두십사가 강남땅으로 가면 그가 탄 '외로운 배(孤舟)'는 또 어디에 정박할까 하고

---

109) 楚나라. 현재 강남 지방을 이름.

110) 봄이 되어 물이 불어난 강

111) 끝없이 넓은 상태

112) 창자가 끊어질 듯한 비통한 생각.

그 외로움을 슬피 노래하고 있다. 한시에는 이처럼 외로움 고독 쓸쓸함 서글픔 등의 감정을 읊은 시는 굉장히 많다. 나그네 생활의 외로움과 고독을 읊은 최도崔塗의 〈제야유회除夜有懷[113]〉란 시를 읽어보자.

아득히 먼 삼파(三巴)의 길
나그네되어 만 리 먼 길 위태로이 떠돈다.
어지러운 산에 잔설이 덮인 밤
고독한 타향사람이 되었다.
점점 혈육들과 멀어지고
오히려 하인들과 친해졌다.
어찌 견디랴 이 떠돌이 생활
내일이면 새해가 되는데

迢遞[114]三巴[115]路　초체삼파로
羈危[116]萬里身　기위만리신
亂山殘雪夜　난산잔설야
孤獨異鄕人[117]　고독이향인
漸與骨肉遠　점여골육원
轉[118]於僮僕親　전어동복친
那堪正飄泊　나감정표박
明日歲華[119]新　명일세화신

---

113) 어떤 판본에는 '巴山道中除夜書懷'라고 된 것도 있다.

114) 아득히 먼 것을 형용함.

115) 옛날의 巴東 巴西 巴郡 3지방을 일컫는 말로, 지금의 사천성 동부지방임.

116) 험난한 蜀道를 떠도는 것을 가리키는데, 나그네 길에 있어 험난한 일이 많음을 뜻한다.

117) 어떤 판본에는 '異鄕春'이라고 된 것도 있다.

118) 오히려, 더욱 더

119) 세월

나그네가 되어 삼파 먼 길을 떠도는 외로움과 고독을 절절이 읊고 있다. 이렇게 외로움과 고독을 읊은 한시는 부지기수이다. 규방에서의 여인네의 외로움을 읊은 이백의 〈오야제烏夜啼[120]〉란 시를 읽어보자.

누런 구름이 낀 성 가엔 까마귀가 깃들려고,
날아 돌아와 까악 까악 나뭇가지 위에서 우네.
베틀에서 비단을 짜며 남편 그리는 여인에게는,
푸른 창사(窓紗)는 연기 같은데, 창 저쪽에선 말소리 들려오는 듯하네.
북 쥔 손 멈추고 창연히 멀리 있는 이 그리다가,
홀로 자는 외로운 방에는 눈물만 비오듯 흘리네.

黃雲城邊烏欲棲　황운성변오욕서
歸飛啞啞[121]枝上啼　귀비아아지상제
機中織錦秦川女　기중직금진천녀
碧紗如煙隔窓語　벽사여연격창어
停梭[122]悵然憶遠人　정사창연억원인
獨宿孤房淚如雨　독숙고방누여우

남편을 멀리 변방으로 떠나보낸 여인네의 외로움(孤)이 절절히 표현되어 있다. 마지막에 "홀로 자는 외로운 방에는 눈물만 비오듯 흘리네."라고 하고 있는 것이다.

이처럼 나그네 생활의 외로움, 변새에서의 외로움, 멀리 떠난 님을 그리는 규방에서의 여인네의 외로움, 임금의 사랑을 잃은 궁녀의 외로

120) 淸商曲에 속하는 악부시의 제목으로, 까마귀 밤에 운다는 것은 원래 길한 일의 前兆를 뜻하였으나, 나중에는 잠 못 이루고 님을 그리는 상사곡의 의미로 변하였다.

121) 까마귀 우는 소리

122) 베틀의 북

움, 사랑을 잃은 기녀의 외로움 등등 혼자 있는 것을 못견뎌하는 정서의 시가 적지 않다. 고향에서 일가친척들 그리고 이웃들과 함께 어울리며 농사지으며 사는 것을 가장 이상적인 삶으로 여겼던 정통 농경민족 중국인, 그들은 항상 님과 친구와 고향과 〈더불어 하나〉되어 함께 있고 싶지 외로이 혼자 있고 싶지는 않은 것이다. 외로움이란 인류학적으로 볼 때 남성적인 정서라기보다는 여성적 정서에 훨씬 가깝다고 할 수 있다.

한시에는 적막함과 처량함과 마음아픔을 나타내는 시어가 역시 많이 등장한다. '적(寂)', '소(簫)', '소소(蕭蕭)', '무인(無人)', '처연(凄然)', '망연(茫然)', '적막(寂寞)', '적료(寂廖)', '상인(傷心)', '창연(愴然)' 등의 시어가 그것인데, 이들 시어 역시 시인 자신의 현실을 chaos 상태로 여기면서 읊은 규원시, 행역시, 사우시, 변새시, 유자시, 객수시, 별리시, 송별시, 탄로시, 사향시 등등에 많이 보인다. 초당사람 노선盧僎의 사향시 〈남루망南樓望〉을 읽어보자.

나라 떠나 삼파(三巴)까지 멀리 왔는데
누대에 올라보니 사방이 봄이로다.
'마음 아픈' 강가의 나그네
고향사람이 아니기 때문이라.

去國三巴[123]遠　거국삼파원
登樓萬里春　등루만리춘
'傷心'江上客　'상심'강상객
不是故鄉人　불시고향인

---

123) 지금의 사천성 保寧府 巴江 근처에 있음.

망향(歸)의 노래이다. 봄이 와도 타향에서의 나그네는 항상 마음 아파할 따름이다. 처연한 정서를 드러낸 또 다른 작품으로 고적高適(700? 706?-765)의 〈제야작除夜作〉을 읽어보자.

> 여관의 차가운 등불 아래 홀로 잠 못 이루고
> 나그네 마음 무슨 일로 갈수록 쓸쓸해질까.
> 고향에서도 오늘 밤 천리 타향의 나를 생각하겠지.
> 허연 귀밑머리 내일 아침이면 또 신년이라네.

> 旅館寒燈獨不眠　여관한등복불민
> 客心何事轉[124]凄然　객심하사전처연
> 故鄉今夜思千里　고향금야사천리
> 霜鬢明朝又一年　상빈명조우일년

고적은 제야 날 타향에서 고향을 그리고(思) 있다. '한등(寒燈)', '객심(客心)'. '처연(凄然)', '상빈(霜鬢)' 등이 처연한 정서를 드러내고 있다. 이런 외로움(孤, 獨, 一, 空, 無)과 적막 처량함(寂, 蕭)의 정서는 한시 중에서도 규방시 규원시와 행역시 변새시 그리고 유자시 객수시와 탄로시 인생무상시 그리고 기녀시 궁원시 부류에 많이 나타난다.

5. 〈더불어 하나〉

인류학적인 측면에서 보면 여성의 중요한 특징 중의 하나에 〈동일감(同一感)〉이란 것이 있다. 인류학자들은 남성의 긍정적 구조로 과학

---

124) 갈수록

적 명증성과 정의감 등을 들고, 퇴행적 구조로는 폭력성(원시성 야만성)을 들고 있다. 또한 여성의 긍정적 구조로는 사랑과 동일감을 들고 있고, 퇴행적 구조로는 Egoism(이기주의)을 들고 있다. 원시 모계사회에서는 여성의 긍정적 구조와 남성의 퇴행적 구조가 함께 강력하게 나타나며, 부권사회화하면 할수록 남성의 긍정적 구조와 여성의 퇴행적 구조가 강력하게 나타난다. 여성의 긍정적 구조와 남성의 퇴행적 구조가 강력하게 표출되어진 원시시대에는, 남성의 퇴행적 구조인 폭력성(원시성 야만성)으로 말미암아 그 사회는 폭력에 의해 지배되었다. 폭력의 명수(위대한 전사, 영웅, 장수 등)들이 그 사회의 우두머리가 되었을 뿐만 아니라 그 사회는 폭력성에 의존하는 수렵생활을 주 생활로 영위했다. 또한 그 당시에는 여성의 긍정적 구조인 사랑과 동일감으로 말미암아 모두가 〈더불어 하나〉되는 원시 집단사회이고 개인의 존재와 소유가 분화되지 못한 사유재산 미분화의 사회인 원시 공산(共産)사회였으며 개개인의 인격보다는 전체 집단으로 자리매김되는 사회였다.

그러나 부계사회인 현대에 와서는 남성의 긍정적 구조인 과학적 명증성으로 말미암아 과학문명이 최고로 발달하였고, 또한 남성의 긍정적 구조인 정의감으로 말미암아 부정 부패 독재 등의 소멸되어지는 민주사회가 되었다. 또한 여성의 퇴행적 구조인 Egoism으로 말미암아 개인주의의 득세로 인간이 극도로 소외되어진 사회가 되기도 했다. 여성은 본질적으로 남성보다 이기주의적인 성향이 강해 나의 것이라고 여겨지는 자기 아이, 자기 남편, 자기 식구 등에 대한 집착과 애정이 강하다. 그리고 자기적이지 않다고 생각되는 것에 대해서는 무관심한 경향이 남성보다 훨씬 강하다. 그래서 사회적 정의감 같은 것이 남성보다 부족하다고 한다.

본고에서 이야기하려는 〈동일감〉에 대해 더 부연하여 설명하면, 여성은 남성에 비해 타자 내지는 타물과 〈더불어 하나〉되려는 욕망이 훨씬 강하며, 또한 본질적으로 남성보다 쉽게 〈더불어 하나〉되는 능력을 가졌다. 어떤 여자가 한 남자를 사랑하게 되면, 쉽게 자기 자신을 버리고 그 남자와 〈더불어 하나〉되어 그 남자의 일부가 된다. 여성들이 분위기에 약하다는 것 역시 주위 분위기에 빠져들어 주위 분위기와 쉽게 〈더불어 하나〉되는 경향을 가졌기 때문이다. 멜로드라마를 보고 쉽게 감동하여 자신을 그 드라마의 여자주인공과 동일시하여 드라마 속의 남자주인공과 사랑에 빠지는 듯한 착각에 빠지는 것 역시 여성의 긍정적 구조인 〈동일감〉 때문이다.

여성적 정서가 많이 서려있는 한시 역시 시인이 읊조리는 대상물과 같은 감정을 느끼려고 하는 〈동일감〉 즉 〈더불어 하나〉되려는 욕망이 강하게 나타나 있다. 흙과 〈더불어 하나〉되어 수천 년을 살아온 농경민족 중국인들이 그렇게 즐기며 읊어 온 한시에는 '물아일체', '주객일체', '혼연일체', '정경융합(情景融合)', '천인합일(天人合一)' 등으로도 불리는 〈더불어 하나〉의 특징을 강하게 가지고 있는 것이다. 유종원의 〈강설江雪〉이란 시를 감상해보자.

모든 산에 새 날이 끊기고,
모든 길에 사람 종적 사라졌도다.
외로운 배 도롱이 쓴 늙은이
홀로 눈 내린 찬 강에서 낚시질하고 있다.

千山鳥飛絶　천산조비절
萬徑人蹤滅　만경인종멸
孤舟簑笠翁[125]　고주소립옹

125) 도롱이 삿갓 쓴 늙은이

獨釣[126]寒江雪　독조한강설

이 시에서 도롱이 쓴 늙은이란 바로 시인 자신일 것이다. 시인은 모든 것이 사라져버린 고즈넉한 눈 내린 찬 강의 겨울 풍경 속에서 그 자연과 〈더불어 하나〉되고 있다. 눈 내린 찬 강에서 홀로 낚시질하고 있는 시인 자신은 바로 그 자연과 〈더불어 하나〉되어 이미 자연의 일부가 된 것이다. 만당 시인 조하趙嘏의 〈강루서감江樓書感〉은 벗과 〈더불어 하나〉되고 싶은 욕망을 그리고 있다.

홀로 강가 누대에 오르니 생각은 아득하고
달빛은 물과 같고 물은 하늘에 연이어져 있네.
지난해 같이 달을 즐기던 사람 어디에 있는가?
풍경만 여전히 지난해와 같구나.

獨上江樓思渺然[127]　독상강루사묘연
月光如水水連天　월광여수수연천
同來翫月人何處　동래완월인하처
風景依稀[128]似去年　풍경의희사거년

풍경은 여전히 지난해와 변함이 없는데 그 때 함께 달을 즐기던 사람 지금은 어디에 있느냐고 하고 있다. 시인은 지난해 함께 달을 즐기던 그 사람과 지금도 〈더불어 하나〉되고 싶은 것이며, 또한 지금 그와 〈더불어 하나〉되지 못한다는 쓸쓸함을 읊고 있는 것이다. 소식蘇軾의 〈서새풍우西塞風雨〉란 시를 읽어보자.

---

126) '千山'과 '萬徑' 그리고 '孤舟'와 '獨釣'가 서로 대비되고 있다.

127) 아득한 모양

128) 어렴풋한 모양

바람 불고 가는 비 내릴 때에
나는 본시 집에 없으니 어디로 돌아가야 하리.
올려다보면 구름 낀 하늘이 바로 삿갓이요
도리어 강과 바다가 도롱이 옷 속으로 들어와 있네.

斜風細雨到來時　사풍세우도래시
我本無家何處歸　아본무가하처귀
仰看雲天眞箬笠　앙간운천진약립
旋收江海入蓑衣　선수강해입사의

바람 불고 비 내리는 날, 삿갓 쓰고 도롱이 입고 정처 없이 떠돌아다니는 소식(蘇軾)은 하늘이 바로 삿갓이고 또한 강과 바다가 자신의 도롱이 옷 속으로 들어와 있다고 표현하고 있다. 하늘과 강과 바다 그리고 그 모든 것과 〈더불어 하나〉되고 있다. 소식의 또 다른 자연시 〈월야여객음주행화촌月夜與客飮酒杏花村〉도 자연과 〈더불어 하나〉된 정경을 잘 묘사하고 있다.

살구꽃은 발에 날아와 남은 봄마저 흩어버리는 듯한데,
밝은 달은 문 안으로 조용히 사는 사람을 찾아주네.
옷을 걷고 달빛 아래 거닐며 꽃 그림자를 밟으니,
밝기가 흐르는 물이 푸른 마른풀을 적시고 있는 듯하네.
꽃 사이에 술자리 벌이니 맑은 향기가 발하여,
다투어 긴 가지 휘어잡으니 향기로운 꽃잎이 눈처럼 떨어지네.
이 산성의 묽은 술은 마실 만한 것이 못되니,
술잔 속의 달이나 마시라고 그대에게 권하네.
퉁소 소리도 끊이고 달빛만 밝은 속에,
달도 져서 술잔이 빌까 걱정이 되네.
내일 아침 땅을 말아올릴 듯한 봄바람이 고약하게 불면,
푸른 나뭇잎 속에 지다 남은 꽃잎들만 보이리.

杏花飛簾散餘春[129] 행화비렴산여춘
明月入戶尋幽人[130] 명월입호심유인
褰[131]衣步月踏花影 건의보월답화영
炯[132]如流水涵[133]青蘋[134] 형여유수함청빈
花間置酒淸香發 화간치주청향발
爭挽[135]長條落香雪 쟁만장조낙향설
山城[136]薄酒[137]不堪飮 산성박주불감음
勸君且吸杯中月 권군차흡배중월
洞簫聲斷月明中 통소성단월명중
惟憂月落酒盃空 유우월락주배공
明朝卷地[138]春風惡 명조권지춘풍악
但見綠葉棲殘紅[139] 단견녹엽서잔홍

살구꽃이 만발한 봄날 밤, 달빛 아래에서 친구와 술을 마시는 소동파의 모습은 이미 이 세상 사람이 아닌 신선의 세계에 있는 듯한 느낌이 든다. 그는 그런 봄날 달밤에 친구와 더불어 술을 마시면서 이런 자연과 꽃과 달과 그리고 그 모든 것과 〈더불어 하나〉되고 있는 것이다.

---

129) 흩어지는 살구꽃잎과 함께 나머지 봄도 흩어져 버리는 듯하다.
130) 조용히 숨어사는 사람
131) 옷자락을 걷어올리는 것.
132) 빛나다, 밝게 비치다.
133) 젖다, 잠기다.
134) 수초의 일종으로, 물 위에 잎새가 떠다니는 개구리밥.
135) 끌다, 휘어잡아 당기다.
136) 徐州의 성, 이 시는 서주에 있을 때 소동파가 손님들과 술 마시며 지은 시이다.
137) 독하지 않는 묽은 술
138) 땅을 말아 올리다. 바람이 세차게 부는 모습을 형용한 것이다.
139) 지다 남은 붉은 꽃을 깃들여두고 있는 것.

이백의 그 유명한 〈월야독작月夜獨酌〉을 다시 읽어보아 한시에 얼마나 〈더불어 하나〉되려는 특징을 강하게 가지고 있는가를 살펴보자.

꽃 사이에 한 동이 술을 두고
홀로 잔 드니 서로 친한 이 없네.
잔 들어 밝은 달을 맞이하고
그림자를 대하니 세 사람이 되었네.
달은 이미 술을 마시지 못하고
그림자는 헛되이 내 몸을 따르네.
잠시 달과 그림자를 동반하니
행락은 모름지기 봄에 미쳐야 하는 것을.
내가 노래하면 달은 배회하고
내가 춤추면 그림자 흩어지네.
술을 깨서는 함께 즐거움을 나누다가
취한 후에는 각기 흩어지네.
영원히 무정한 노님을 맺고 싶어
먼 은하수에 기약한다.

花間一壺酒　　화간일호주
獨酌無相親　　독작무상친
擧杯邀明月　　거배요명월
對影成三人　　대영성삼인
月旣不解飮　　월기불해음
影徒隨我身　　영도수아신
暫伴月將影　　잠반월장영
行樂須及春　　행락수급춘
我歌月徘徊　　아가월배회
我舞影零亂　　아무영영란
醒時同交歡　　성시동교환
醉後各分散　　취후각분산

永結無情游　　영결무정유
相期邈雲漢　　상기요운한

시인은 달밤에 혼자 술을 마시고 자연 속에서 시인 자신과 자신의 그림자 그리고 달이 모두 〈더불어 하나〉되고 있다. 이 셋이 함께 〈더불어 하나〉되어 노래하고 춤추며 봄밤을 즐기고 있는 것이다. 앞에 예를 든 소식의 〈화자유민지회구(和子由澠池懷舊)〉를 읽어보면, 시인은 삶을 초탈해 멀리서 인생을 관조할 수 있는 경지에 까지 이른다. 그는 道와 〈더불어 하나〉되고 있는 것이다. 그 시를 읽고 있노라면 모호하게 우리가 우주의 일부분이 된 느낌이 들고, 또한 광대무변한 우주와 〈더불어 하나〉되는 느낌마저 든다. 우주가 필자의 몸 속에 들어와 〈더불어 하나〉되고 있다. 물아일체지감(物我一體之感)인 것이다.

규방시, 행역시와 님 그리는 시는 헤어진 님(아내나 남편)과 〈더불어 하나〉되려는 욕망을 그리고 있고, 사우시는 친구와 〈더불어 하나〉되려는 욕망을 그리고 있으며, 별리시 송별시 증별시 등은 님이나 친구와 〈더불어 하나〉되지 못하는 비애감을 읊조린 시이다. 또한 유자시 객수시, 사향시, 변새시 부류는 고향으로 돌아가(歸) 그 고향(原型)과 〈더불어 하나〉되려는 욕망과 또한 그렇게 고향과 〈더불어 하나〉되지 못하는 비애감을 읊조린 시이다. 영사시 영회시 영고시 회고시 등의 부류는 과거의 사건과 역사를 회상하며 그 과거로 돌아가(歸) 〈더불어 하나〉되고자 하는 정서가 짙게 깔려있는 시들이다. 탄로시 인생무상시 등의 부류는 젊은 시절로 돌아갈(歸) 수 없다는 데서 느끼는 비애감을 읊조린 시로, 그 속에는 젊은 시절 즉 원형과 〈더불어 하나〉되고 싶다는 욕망이 짙게 깔려있다. 자연시 전원시 산수시 한적시 산중우거시, 사경시 경물시 등의 부류는 속된 현실을 벗어나 자연 전원 산수와

〈더불어 하나〉되어 그것을 즐기려는 욕망을 그리고 있는 시들이다. 탈속시 현실에 초연한 시 등의 부류는 속된 현실을 초연히 벗어나 도의 상태로 돌아와(歸) 그 도와 〈더불어 하나〉되어 그 도를 즐기는 삶을 그리고 있다. 염정시 기녀시 궁원시 등의 부류는 기녀나 궁녀의 품에 안기어 그들과 함께 즐기며 그들과 〈더불어 하나〉되어 속된 현실 삶을 잊어버리려는 목적에서 지어진 것이라 할 수 있다.

또한 한시에는 이런 속된 현실을 잊어버리게 하는 매개물로 망우물(忘憂物)인 술이 많이 등장하는데, 전 세계문학사에서 한시에서처럼 술이 문학의 소재로 이렇게 많이 등장하는 문학 장르도 별로 없는 것으로 여겨진다. 궁극적으로 중국인 그들은 술을 마심으로 chaos(블완전한) 상태로 인식된 현실을 벗어나 원형으로 돌아가(歸) 그 원형과 〈더불어 하나〉되고자 한 것이다.

필자가 본고에서 순환 회귀성(歸) - *女* - 〈더불어 하나〉라는 어려운 도식을 사용하면서 까지 한시의 가장 기본적인 특성이 〈더불어 하나〉에 있다고 했지만, 그러나 이렇게 어려운 도식을 사용하지 않더라도 한시를 조금이라도 읊조리거나 감상해본 사람이라면 누구든지 그 시에서 읊은 대상과 〈더불어 하나〉된다는 느낌을 받을 것이며, 또한 그 시에서 읊은 대상이 자신의 온 몸을 감싼 듯 그는 그것들의 일부가 되어버렸다는 느낌을 받을 것이다. 한시를 읽어보면 그것이 서구시와는 달리 분명 물아일체지감(物我一體之感)을 느낄 것이요, 주객이 일체가 되는 느낌을 가질 것이다. 한시가 즐길 수 있는 시, 생활화할 수 있는 시가 되어 중국인들로부터 근 2,000여 년 동안 끊임없이 애호를 받아왔던 것은, 본질적으로 한시에는 서구시나 현대시와는 달리 〈더불어 하나〉되는 특성을 가지고 있기 때문인 듯하다.

현대인들은 그 누구나 소외당한 자들이다. 과학 문명에게 그 스스로의 주인된 자리를 물려주고 인간은 스스로 객체가 되어 과학 문명에게 소외되었다. 소외된 현대인들에게 도대체 〈더불어 하나〉될 수 있는 것이란 없다. 모두가 이방인(異邦人)이고, 우주에 홀로 버려진 미아일 뿐이다. 바닷가의 모래알처럼 각각 흩어져 모두가 〈더불어 하나〉되지 못하고 소외되어 있는 것이다. 이와 같은 현대인들의 인간성 상실감, 즉 소외 현상은 본질적으로 서구의 진보주의 문화(去文化)에 그 원인이 있다고 한다. 서구인 그들은 본향(本鄕)을 떠나 앞으로 나아가기만(去) 하면 Utopia에 도달할 것이라고 믿었다. 뒤를 되돌아본다(歸)는 것은 퇴보의 징조라고 믿어왔던 서구의 관념이, 현대인들로 하여금 고향(원형)을 떠나게(去) 만들었었고 또한 마음의 고향인 그 고향을 잃어버리게 만들어 우주의 미아로 만들었다고 Humanist들은 말한다. 현대인들은 그 누구와도 가까이 지내는 듯 하지만 실은 그 누구와도 〈더불어 하나〉되지 못하는 '대중 속의 소외'를 느끼고 있다.

필자가 순환 회귀성(歸) - 女 - 〈더불어 하나〉라는 어려운 도식을 사용하면서 까지 한시의 가장 본질적인 특성이 〈더불어 하나〉(물아일체, 주객일체, 혼연일체, 정경융합, 천인합일)에 있다는 것을 밝히려는 이유가 바로 여기에 있는 것이다. 한시 그것이 다른 어느 나라 문학 장르보다 뛰어난 것은, 그 한시를 지음으로 혹은 읊음으로 우리는 소외되지 않고 원형과 〈더불어 하나〉될 수 있었기 때문이다. 현대와 같이 과학문명의 영향으로 대중 속의 인간 소외(〈더불어 하나〉되지 못한 상태)가 극에 달했을 때, 한시는 정신적 빈곤에 허덕이는 현대인들에게 새로운 출로를 열어줄 수 있는 방법론을 제시해줄지도 모른다. 수천 년을 흙과 〈더불어 하나〉되어 살아온 정통 농경민족인 중국인, 그들이 그렇게 즐기며 생활하여 온 이 한시에는 세계 어느 문학도 해결하지 못했던 인간 소외를 해결할 방법론을 제시해줄 수 있을 것이다.

6. 술(忘憂物)

한시에는 술이 문학적 소재로 많이 등장하고 있다. 달밤에 술을 마시면서 친구를 그리워(思) 하고, 님을 그리워(思) 하며, 고향을 그리워(思) 한다. 또한 술을 마시면서 님과 혹은 친구와 혹은 자연과 〈더불어 하나〉되는 작품도 적지 않다. 술을 마심으로 현실의 속됨을 잊어버리고 원형과 하나 되어 즐기고자 하는 것이다. 한시에서처럼 이렇게 술이 문학적 소재로 많이 등장하는 문학작품도 전 세계문학사에서 별로 없는데, 이는 술이 현실의 근심으로 잊어버리게 하는 '망우물(忘憂物)'의 특징을 가지고 있어, 술을 마심으로 현실의 속됨을 잊어버리거나 도피하여 님과 친구와 고향과 자연과 기녀와 〈더불어 하나〉되어 즐기고자 하는 한시의 특징 때문이라 할 수 있다. 이백의 〈장진주(將進酒)〉 마지막의 구절에 술을 마시고 "그대와 더불어 함께 인생의 영원한 시름 없애리라!(與爾同銷萬古愁)"라고 한 것처럼 술은 시름을 없애는 망우물로 그것을 마심으로 현실의 근심을 잊고 원형으로 회귀하여(歸) 〈더불어 하나〉되어 즐기고자 함에 그 원인이 있다 할 것이다. 술이 소재가 된 시로 백거이의 〈문유십구問劉十九〉를 읽어보자.

> 부글부글 새 술이 이제 막 익었고,
> 화로에 숯불도 피워 놓았다네.
> 저녁인데 눈이 내리려나보네.
> 여보게 한 잔 어떠신가?

綠蟻新醅酒　　녹의신배주
紅泥小火爐　　홍니소화로
晩來天欲雪　　만래천욕설
能飮一杯無　　능음일배무

이 시는 백거이가 강주사마(江州司馬)로 좌천되었을 때 지은 시이다. 해 저물녘 잔뜩 찌푸린 하늘에서 금새 눈이라도 내릴 것 같은 날씨, 이런 날씨엔 세상사 잊고 친구와 술이나 나누는 것이 어떠한가? 라고 읊고 있다. 술 그것은 이렇게 온갖 속세의 근심을 잊게 하고(忘憂物) 친구와 자연과 〈더불어 하나〉되게 해 주는 매개물인 것이다.

술을 마심으로 허무한 인생을 잊어버리고 그냥 즐기자는 시나, 술을 마심으로 속세를 벗어나 자연으로 돌아가(歸) 자연을 즐기며 읊은 자연시 부류나, 술을 마심으로 현실을 도피해 기녀의 품에 안겨 인생을 즐기자는 염정시 기녀시 부류나, 술을 마심으로 과거로 돌아가(歸) 그 과거를 회상하는 회고시 부류나 모두 술을 매개로 삼아 늘 chaos 상태로 인식되어온 현실을 벗어나고 있다. 한시에서 이렇게 술이 시의 소재로 많이 등장하는 가장 본질적인 이유는, 술이 늘 chaos 상태로 모호하게 인식되어온 현실(속세)을 잊게 해 주는(忘憂物) 매개물이라는데 있다. 전원시인 도연명은 아예 〈음주飮酒〉란 제목의 시 20수를 짓기도 했다. 그 중 한 수를 읽어보자.

옛 친구들이 나를 반기어
술병 들고 함께 왔다네.
소나무 밑에 허술한 자리 깔고
몇 잔 술에 이미 다시 취하네.
어르신네들은 두서없이 떠들고
술잔도 순서 없이 돌아가네.

내가 있는 것조차도 깨닫지 못하니
어찌 물건이 귀한 줄 알겠는가?
아득히 혼미함 속에 머무르니
술 속에 깊은 맛이 있네.

故人賞我趣[140] 고인상아취
挈壺相與至 설호상여지
班荊坐松下 반형좌송하
數斟已復醉 수짐이부취
父老雜亂言 부노잡난언
觴酌失行次[141] 상작실항차
不覺知有我 불각지유아
安知物爲貴[142] 안지물위귀
悠悠迷所留 유유미소류
酒中有深味 주중유심미

도연명은 "아득히 혼미함 속에 머무르니, 술 속에 깊은 맛이 있네." 라고 했다. 친구와 함께 술을 마셔 속세의 티끌을 잊어버리고 마냥 전원생활을 즐기고 있는 것이다. 두보의 전원시적 성격에 가까운 〈낙일落日〉이란 시를 읽어보자.

떨어지는 해는 주렴 발고리에 걸렸고
시냇가에는 봄 일이 한가하다.
언덕 밭에는 꽃이 향기로운데
여울가의 배에는 저녁밥을 짓는다.
지저귀는 새들은 가지를 다투다 떨어지고

140) 은퇴한 생활태도와 高雅한 취향을 즐김.

141) 순서

142) 외적인 모든 사물을 귀하게 여김.

나르는 벌레들은 뜰에 가득 헤엄친다.
누가 너에게 탁주를 갖다 주었는가?
한 잔 술에 모든 시름 흩어진다.

落日在簾鉤　　낙일재렴구
溪邊春事幽　　계변춘사유
芳菲緣岸圃　　방비연안포
樵爨倚灘舟　　초찬의탄주
啅雀爭枝墜　　탁작쟁지추
飛虫滿院游　　비충만원유
濁醪誰造汝　　탁료수조여
一酌散千憂　　일작산천우

봄 날 저녁 무렵에 밭 갈고 꽃피는 한가한 전원 풍경을 그리고 있다. 결구에서 "누가 너에게 탁주를 갖다 주었는가? 한 잔 술에 모든 시름 흩어진다."라고 하여, 술을 마심으로 온갖 시름이 흩어진다라고 하고 있다. 이처럼 한시에서는 서구시와는 달리 술이 시의 소재로 많이 등장하는데, 농경민족 중국인 그들은 망우물인 술을 마심으로 속세의 온갖 시름 근심을 잊어버리고 자연과 님과 그리고 고향과 〈더불어 하나〉되어 즐기고자 했던 것이다. 술을 소재로 한 이백의 〈객중작客中作〉[143]을 한 수 읽어보자.

난릉의 좋은 술 울금향 풍기고,
옥잔에 채우면 호박빛 나네.
단지 주인이 객을 능히 취하게 해 준다면,
어느 곳이 타향인지 알지 못하리로다.

143) 여행 도중

蘭陵[144]美酒鬱金香[145] 난릉미주울금향
玉椀盛來琥珀[146]光 옥완성래호박광
但使[147]主人能醉客 단사주인능취객
不知何處是他鄉 부지하처시타향

타향에서 술을 마심으로써 고향으로 돌아가지(歸) 못한 슬픔을 잊고자 하고 있다. 타향에서 떠돌아다니는(去) 자신의 처지를 불운한 상태로 여기고 그 현실을 잊게 해 주는 매개물로 망우물(忘憂物)인 술이 등장하고 있는 것이다. 술을 마시면 "어느 곳이 타향인지 알지 못하리로다."라고 하고 있다. 이백의 〈산중여유인대작山中與幽人[148]對酌〉이란 시를 읽어보자.

두 사람이 마주하고 술을 마시니 산꽃이 피었고
한 잔 한 잔 또 한 잔
나는 취해서 잠이 오니 그대 먼저 돌아가게나.
내일 아침 생각 있거든 거문고 안고 오게나.

兩人對酌山花開 양인대작산화개
一杯一杯复一杯 일배일배복일배
我醉欲眠卿[149]且去[150] 아취욕면경차거
明朝有意抱琴來 명조유의포금래

144) 술의 산지로 알려진 산동성의 지명
145) 향료가 되는 풀 이름. 여기서는 향기로운 술을 뜻함.
146) 송진이 화석화한 황색 광물
147) 단지 … 하기만 한다면
148) 속세를 떠나 숨어사는 사람
149) 성인 남자 사이에서 상대방을 높여 부르는 말
150) 다른 일을 미루어 두고 우선 가다.

친구와 더불어 망우물인 술을 마셔 현실의 근심에서 벗어나 자연과 〈더불어 하나〉되어 즐기고 있다. 현실에 집착하지 않고 자연 속에서 술을 마시며 유유자적하게 살고 싶어 한다. 이백의 그 유명한 〈장진주將進酒〉란 시에서도 이백은 술을 마셔 함께 취해 모든 걱정 근심 잊어버리고(忘憂物) 즐기자고 노래하고 있다. 또 다른 이백의 시 〈독작獨酌〉을 읽어보면 한시에서 술의 의미가 무엇인지를 알 수 있다.

하늘이 만약 술을 좋아하지 않는다면,
술 별이 하늘에 있지 않을 테고,
땅이 만약 술을 좋아하지 않는다면,
술 샘이 땅에 없어야만 하리라.
하늘과 땅도 술을 좋아하니,
술 좋아하는 것은 하늘에 부끄러울 것 없네.
예로부터 맑은 술은 성인에 비겼고,
또 탁주는 어진 사람 같다고 일러왔네.
어진 사람과 성인 같은 사람이 이미 마셔왔으니,
꼭 신선되기 바랄게 무엇 있으랴?
석 잔을 마시면 위대한 道에 통하고,
한 말을 마시면 자연과 합치되네.
다만 취중의 취향을 얻은 것이니,
술 안 먹는 자에겐 전할 것도 없는 거네.

天若不愛酒　　천약불애주
酒星[151]不在天　　주성부재천
地若不愛酒　　지약불애주

151) 晉書 天文志에 "軒轅(별 이름) 오른쪽 모퉁이 남쪽의 세 별을 酒旗라 한다. 酒官의 旗로써 잔치할 적의 음식을 주관한다. 五星酒旗를 지키면 온 천하가 술을 마시게 된다."라고 하였다.

地應無酒泉	지응무주천
天地旣愛酒	천지기애주
愛酒不愧天	애주불괴천
已聞淸比聖[152]	이문청비성
復道濁如賢	부도탁여현
賢聖[153]旣已飮	현성기이음
何必求神仙	하필구신선
三盃通大道[154]	삼배통대도
一斗合自然[155]	일두합자연
但得醉中趣[156]	단득취중취
勿爲醒者[157]傳	물위성자전

이백은 "석 잔을 마시면 위대한 도에 통하고, 한 말을 마시면 자연과 합치되네."라고 하고 있다. 술을 마심으로 속세의 근심을 모두 잊어버리고(忘憂物) 우주 자연의 위대한 도와 통할 수 있고, 술을 마심으로 인간 본연의 아무런 욕망도 없는 순박한 상태 즉 자연상태로 되돌아갈(歸) 수 있다는 것이다. 애써 수도하여 속된 세상을 초월하여 신선이 되려고 애쓸 필요가 없고, 간단히 술 속에서 신선의 경지를 얻을 수 있다고 이백은 노래하고 있다.

서구시에는 이와 반대로 술이 소재로 등장하는 작품은 거의 없다. 괴테, 세익스피어, 마리아나 릴케 등 그 어느 서구 시인의 작품에도 술

152) 맑은 술을 聖人에 비겼다.

153) 탁주와 청주

154) 도가에서 말하는 우주의 본체가 되는 위대한 도

155) 인간의 모든 욕망이나 감정을 잊고 사람 본연의 순박한 상태로 되돌아가는 것.

156) 취중의 취향

157) 술에 취하여 있지 않은 사람. 즉 술을 마실 줄 모르는 사람.

이 소재로 등장하는 경우는 별로 없고, 또한 그들이 술을 마시고 시를 지었다는 기록도 없다. 아마 전 세계에서 한시에서 처럼 이렇게 많이 술이 시의 소재로 등장한 예는 그 유래를 찾아보기 힘들 것이다. 이는 모호하게 속세 혹은 chaos 상태로 인식된 시인 자신의 현실을 술을 매개로 하여 그것을 잊어버리고 다시 원형으로 회귀하여(歸) 그것을 즐기고자하는 농경민족 중국인들의 기본적인 심성 때문이라고 할 수 있다.

또한 한시에는 속된 현실의 속세 혹은 님과 떨어져 있는 현실을 벗어나고자 꿈이 그 매개물로 등장하는 경우가 많다. 꿈에 님을 만나고, 꿈에 타향을 떠나 고향에 돌아가는 것을 읊은 시가 적지 않다. 잠참岑參(715-770)의 〈춘몽春夢〉도 봄꿈에 님을 만나는 것을 그리고 있다.

그윽한 새색시 방에 지난 밤 봄바람이니,
님 생각은 멀리 상강 가로 달린다.
베갯머리에 잠시 봄꿈을 꾸노라면,
강남 수천 리를 두루 돌아다닌다.

洞房[158]昨夜春風起　　동방작야춘풍기
遙憶美人湘江水[159]　　요억미인상강수
枕上片時春夢中　　침상편시춘몽중
行盡江南[160]數千里　　행진강남수천리

님과 만나기 위해 꿈속에서 님이 가있는 강남땅을 두루 돌아다니고

---

158) 그윽하고 깊은 방. 후세에는 花燭洞房이라 하여 신부의 방을 주로 가리킨다.
159) 湘水. 옛부터 瀟水와 함께 여기에 내리는 비는 쓸쓸하기로 유명하다.
160) 님이 가있는 장강 이남 지방, 그리운 님을 쫓아 수천 리 강남땅을 두루 돌아다닌다는 뜻.

있다. 현실에서 만날 수 없는 님을 꿈속에서 만나고 싶은 것이다. 그러나 서구시에서의 꿈은 대체로 희망(dream)을 의미하는 경우가 많다.

7. 기타

1) 이동, 머뭄, 전송 그리고 만남의 소재

한시에는 이동과 머뭄, 전송 그리고 만남을 나타내는 동사가 서구시의 그것보다 훨씬 많이 쓰인다. 오다(來), 가다(去, 跡, 行, 之, 征), 돌아오다 돌아가다(還, 返, 回, 廻, 歸, 到), 만나다(逢, 合), 떨어지다(落), 오르다(登, 登高, 登樓), 떠돌아다니다 흘러가다(遊, 游, 流, 徘徊), 들어가다(入, 込), 나가다(出), 건너다(度, 渡, 渡江, 渡船), 헤어지다(離, 別, 離別, 留別), 이르다(至, 及), 거처하다 머물다(居, 泊, 宿, 宿泊, 棲), 보내다 전송하다(送), 지나가다 거쳐가다(過) 바라보다(望) 등등의 시어가 그것인데, 한시에는 이런 시어가 굉장히 많이 보인다. 이는 한시에 변방생활(변새시)과 나그네생활(유자시 객수시)의 고독과 또한 고향으로 돌아가(歸) 님이나 친구를 만나고 싶은 심정과 그렇게 될 수 없는 비애감을 읊조린 시(규원시 규방시, 행역시, 사향시, 회향시, 님 그리는 시, 사우시)가 많기 때문이다. 또한 한시에는 헤어짐(離, 別, 離別, 留別, 送)의 아쉬움을 읊은 시(별리시 송별시 증별시) 역시 적지 않으며, 자연 전원 산수로 돌아가(歸) 그것을 즐기는 시(자연시 산수시 전원시 한적시 산중우거시) 역시 굉장히 많다.

이 중 화자(話者)에게로 가까워지거나 만남 그리고 머뭄을 나타내는 시어인 오다(來), 돌아오다 돌아가다(還, 返, 回, 廻, 歸, 到), 만나다(逢, 合), 들어가다(入, 込), 이르다(至, 及), 거처하다 머물다(居, 泊, 宿, 宿泊, 棲) 등의 의미는 대체로 시인 자신에게 긍정적인 의미로 많이 사용되어 있고, 화자에게서 멀어지거나 헤어짐 그리고 떠남을 나타내는 시어인 가다(去, 跡, 行, 之, 征), 떨어지다(落), 오르다(登, 登高, 登樓), 떠돌아다니다, 흘러가다(遊, 游, 流, 徘徊), 나가다(出), 건너다(度, 渡, 渡江, 渡船), 헤어지다(離, 別, 離別, 留別), 보내다 전송하다(送), 지나가다 거쳐가다(過) 등의 의미는 대체로 시인 자신에게 부정적인 의미로 많이 사용되어지고 있다. 중국 시인들은 오고 돌아오고 만나고 머물고 싶지, 떠나고 헤어지고 보내고 싶지는 않은 것이다. 농경민족 특유의 원형회귀적(歸)인 심성이 그대로 반영된 것이다. 우무릉于武陵(810-?)의 〈객중客中〉이란 시를 읽어보자.

초나라 사람 죽지곡(竹枝曲)을 노래하면
'떠돌아다니는(遊)' 나그네 눈물 옷깃을 적시네.
낯선 땅에서 오랫동안 나그네 되어
찬 밤에 자주 '돌아가는(歸)' 꿈꾸네.
한 통의 편지 '돌아오지 않고(未返)'
모든 나무에서 잎사귀 모두 떨어졌네.
남쪽으로 동정호를 '지나가면(過)'
응당 더욱 소식 드물어지리.

楚人歌竹枝[161]　　초인가죽지
'遊'子淚沾[162]衣　　'유'자누첨의
異國[163]久爲客　　이국구위객
寒宵頻夢'歸'　　한소빈몽'귀'
一封書'未返'　　일봉서'미반'
千樹葉皆飛　　천수엽개비

161) 가곡의 이름. 그 지방 풍물을 노래하여 哀調를 띄고 있음.

162) 적시다.

163) 초나라를 가리킴.

南'過'洞庭水　　남'과'동정수
更應消息稀　　갱응소식희

우무릉이 남방 초 지방으로 폄적(逼適)되어 가는 와중에 읊은 객수시(客愁詩)이다. 위 시에서 2구의 "떠돌아다니는(遊)"과 5구의 "돌아오지 않고(未返)"와 7구의 "지나가면(過)"은 모두 시인 자신의 입장에서 부정적인 의미로 쓰이고 있으나, 4구의 "돌아가는(歸)"만 시인 자신의 입장에서 긍정적인 의미로 쓰이고 있다. 시인은 이런 유자(遊子)생활(去)을 청산하고 고향으로 돌아가고픈(歸) 것이다. 한시에서는 대부분 이처럼 돌아오다 만나다 머물다 등등은 긍정적인 의미로 많이 쓰이고, 떠나다 헤어지다 보내다 등등은 부정적인 의미로 많이 사용되고 있다. 또 다른 시인 온정균溫庭筠의 〈상산조행商山[164]早行〉을 읽어보자.

새벽에 일어나 말방울 움직이며 '가려할 때(征)'
나그네는 '떠나면서(行)' 고향을 슬퍼한다.
닭소리 들리고 초가 주막에 달 걸리니
서리 내린 판자다리 위에 사람이 '지나간 자국(迹)' 나 있다.
떡갈나무 산길에 '떨어져 있고(落)'
탱자나무 꽃 주막집 담장을 밝히는구나.
하염없는 생각에 고향 장안 꿈을 꾸니
들오리와 기러기 굽어진 연못에 가득 차 있으리라.

晨起動'征'鐸[165]　　신기동'정'탁

164) 지금의 섬서성 商縣 동남쪽에 있는 산 이름으로 楚山이라고도 하였다. 漢 初에 東園公, 綺里季, 夏黃公, 用里先生 4인이 이곳에 은거하여 수염과 눈썹이 모두 희어졌다 하여 이들을 '商山四皓'라고 불렀다 한다.

165) 역마차나 말의 목에 다는 방울.

客'行'悲故鄕　　객'행'비고향
鷄聲茅店[166]月　　계성모점월
人'迹'板橋霜　　인'적'판교상
槲葉[167]'落'山路　　곡엽'낙'산로
枳花[168]明驛牆　　지화명역장
因思杜陵[169]夢　　인사두릉몽
鳧雁[170]滿回塘[171]　　부안만회당

이 시는 시인이 상산(商山)에서 아침 일찍 다시 객지로 떠나면서 그 때 느끼는 쓸쓸한 감정과 그리고 고향을 그리는 마음을 함께 읊은 작품이다. 1구의 "가려할 때(征)"와 2구의 "떠나면서(行)" 그리고 4구의 "지나간 자국(迹)" 등은 모두 시인의 입장에서 부정적인 의미로 사용되고 있다.

한시에는 길과 관련된 시어(路, 徑, 道)나 강이나 배와 관련된 시어(船, 舟, 江, 河, 水, 柳, 泊) 그리고 객사와 관련된 시어(店, 酒店, 客店, 客舍, 驛, 宿)가 많이 등장한다. 모두 떠남(去)이나 떠돌아다님(去, 遊)에 대한 비애감과 고독을 읊조리고 있다는 공통점이 있으며, 또한 항상 타지의 객사(店, 酒店, 客店, 客舍, 驛, 宿)에서 자신의 유랑하는 처지를 슬퍼하며 고향이나 님 그리고 친구를 그리고(思) 있다는 공통점을 가지고 있다. 이런 시들은 대개 시기적으로 가을이나 겨울을 배경으로 하여 읊은 경우가

166) 띠 지붕을 얹은 시골 객주집.

167) 잎이 크고 겨울에도 나뭇가지에 그대로 매달려 있다가 이듬해 봄 새싹이 돋을 때 비로소 지기 시작하는 나무인 떡갈나무.

168) 탱자나무 꽃. 봄에 흰 꽃이 핀다.

169) 長安 동남쪽에 있는 한 宣帝의 릉. 시인의 고향이 그 근처에 있다.

170) 물오리와 기러기.

171) 굽어진 연못.

가장 많은 듯하다. 가지賈至의 〈송이시랑부상주送李侍郎赴常州〉란 시를 읽어보자.

눈 개이고 구름 흩어지니 북풍이 더욱 찬데
초(楚)와 오(吳) 지방의 산과 물, '길(道路)'은 더욱 험난하구나.
오늘 그대 보내나니 모름지기 마음껏 취하라.
내일 아침이면 서로 그리워해도 '길(路)'만 아득하리.

雪晴雲散北風寒　설청운산북풍한
楚水吳山'道路'難　초수오산'도로'난
今日送君須盡醉　금일송군수진취
明朝相憶'路'漫漫　명조상억'노'만만

시인이 이시랑(李侍郎)을 지금의 강소성인 상주(常州)로 전송하며 읊은 시로 보내기(去) 싫은 마음이 한껏 들어있다. 2구의 길(道路)과 4구의 길(路)은 친구가 가야할 길이며 그 길로 가면 다시 언제 돌아올(歸) 지 모르는, 혹은 영원히 돌아오지(歸) 못하는 아득한 길이다. 이런 별리시 증별시 유별시 등에도 길이나 강 혹은 떠나가는 배가 많이 등장한다. 유자시 계열로 장적張籍의 〈야도어가夜到漁家〉란 시를 읽어보자.

어부 집은 '강어귀(江口)'에 있고
'밀물(潮水)'은 사립문까지 들어오네.
지나가는 나그네 '들어가서 자고(投宿)' 갈까 하는데
주인은 아직 돌아오지 않았네.
대숲은 깊고 '마을 길(村路)'은 멀어
달이 떴는데 '낚싯배(釣船)' 드무네.
멀리 모래사장 언덕을 바라보니
봄바람에 도롱이가 흔들리는구나.

漁家在'江口' 어가재'강구'
'潮水'入柴扉 '조수'입시비
行客欲'投宿' 행객욕'투숙'
主人猶未歸 주인유미귀
竹深'村路'袁 죽심'촌로'원
月出'釣船'稀 월출'조선'희
遙見尋沙岸 요견심사안
春風動草衣 춘풍동초의

나그네가 떠돌아다니다 한 어부 집에 하루를 묵고자 하나 주인이 없어 그 주인을 기다리는 모습을 읊고 있다. 1구의 강어귀(江口), 2구의 밀물(潮水), 3구의 들어가서 자고(投宿), 6구의 낚싯배(釣船) 등은 모두 움직이고 떠나가는 것이라 시인은 이런 시어를 읊음으로 항상 떠돌아 다닐(去) 밖에 없는 나그네의 슬픔과 비애를 느끼게 하고 있다. 맹호연孟浩然의 〈송두십사지강남送杜十四之江南〉도 객선(客船)에서의 나그네의 외로움을 읊은 시이다.

형(荊)땅과 오(吳)땅은 서로 이어져 물의 마을이라 하는데
그대 가는 봄 강은 불어 바로 끝없이 넓을터
날 저물면 그대 '외로운 배' 어디에 정박할까?
하늘 끝 한번 바라보니 사람 창자 끊는구나.

荊吳[172]相接水爲鄉 형오상접수위향
君去春江[173]正淼茫[174] 군거춘강정묘망
日暮'孤舟'何處泊 일모'고주'하처박

172) 楚나라. 현재 강남 지방을 이름.
173) 봄이 되어 물이 불어난 강
174) 끝없이 넓은 상태

天涯一望斷人腸[175]　　천애일망단인장

두십사(杜十四)를 강남땅으로 송별하며(去) 지은 시로, 두십사가 강남땅으로 가면 그가 탄 '외로운 배(孤舟)'는 또 어디에 정박할까 하고 그 외로움을 슬피 노래하고 있다. 한시에는 이처럼 '주(舟)', '선(船)', '객선(客船)', '고주(孤舟)' 등을 타고 외롭게 떠돌아다니는 나그네의 슬픔을 읊은 시가 부지기수로 많다. 왕안석의 〈박선과주泊船瓜洲[176]〉 역시 배에 몸을 의탁해 강 언덕에 정박시키고 있는 나그네의 심정을 쓸쓸히 읊은 시이다.

경구(京口)에서 과주(瓜洲) 사이는 강물 하나 사이,
종산(鍾山)은 오직 몇 겹 산 저쪽일세.
봄바람은 또 강 언덕 푸르게 하는데,
밝은 달은 어느 때 다시 내가 돌아가는 모습 비추리.

京口[177]瓜洲一水間　　경구과주일수간
鍾山[178]只隔數重山　　종산지격수중산
春風又綠江南岸　　춘풍우록강남안
明月何時照我還　　명월하시조아환

다시 재상으로 발탁되어 서울 변경(汴京)으로 배를 타고 올라가면서

175) 창자가 끊어질 듯한 비통한 생각

176) 熙寧 8년(1075) 2월 왕안석이 2번째로 재상이 되어 汴京으로 올라가면서 지은 시. 과주는 지금의 강소성 江都縣 남쪽 장강의 북쪽 기슭.

177) 강소성 鎭江, 경구에서 장강을 건너 단숨에 과주로 간 것이다.

178) 지금의 남경 紫金山. 왕안석은 젊어서 아버지를 따라 江寧(지금의 남경)에 머물러 산 인연으로 첫 번째 재상에서 물러나 이곳 종산에 와서 살았다.

읊은 것인데, 그 내용상 재상이 된 기쁜 마음으로 읊었다기보다는 외로운 나그네 된 심정으로 끝 구에 "밝은 달은 어느 때 다시 내가 돌아가는 모습 비추리."라고 하며 읊고 있다. 이는 배를 타고 간다는 그 자체가 쓸쓸하고 외로운 나그네와 동격으로 느껴져 재상이 되었음에도 불구하고 기뻐지지 않았기 때문이라 여겨진다.

한시에는 누대를 나타내는 시어(樓, 閣, 臺, 欄, 軒)나 높은 곳을 나타내는 시어(登, 上, 高, 山, 陵)가 많이 쓰이는데, 앞의 누대는 그 곳에 올라 멀리 고향을 바라보거나 혹은 그 곳에서 님이나 친구를 그리며(思) 눈물짓는 경우를 읊은 시에 많이 등장하고, 또한 그 누대에서 잔치를 베풀어 시를 읊조리거나 혹은 권세가들이 백성들의 고난은 아랑곳없이 그 누대에서 잔치만 베푼다고 읊은 시들에 많이 쓰인다. 또한 뒤의 높은 곳(登, 上, 高, 山, 陵)은 대개 그 곳에 올라 고향을 바라보거나 님이나 친구 생각을 하며 지은 시에 많이 등장한다. 두보의 유명한 〈등악양루登岳陽樓[179]〉를 읽어보자.

옛날에 동정호 소문을 들었는데,
오늘에야 '악양루에 오르는구나(上岳陽樓).'
오(吳)와 초(楚)는 동과 남으로 터졌고,
하늘과 땅은 밤낮으로 떠 있구나.
친척과 친구에게선 한 통의 편지 없고
늙어 병들었는데 오직 외로운 배만 있다.
군마(軍馬)는 관산(關山)의 북에 있어
'난간에 기대니(憑軒)' 눈물과 콧물만 흐른다.

昔聞洞庭水[180]　석문동정수

179) 동정호 근처에 있는 누각

180) 호남성에 있는 중국 제일의 호수 동정호

今'上岳陽樓' 금'상악양루'
吳楚東南坼 오초동남탁
乾坤[181]日夜浮 건곤일야부
親朋無一字 친붕무일자
老病有孤舟 로병유고주
戎馬關山[182]北 융마관산북
'憑軒'涕泗流 '빙헌'체사류

2구의 "악양루에 오르는구나.(上岳陽樓)"와 8구의 "난간에 기대니(憑軒)"에서, 시인은 악양루에 올라 사방을 바라보면서 안사 전란에 고향을 떠나 유랑하며 고향 소식 하나 듣지 못하는 자신의 신세를 생각하며 난간에 기대어 눈물만 흘린다고 하고 있다. 이처럼 한시에는 누대나 높은 곳에 올라 고향이나 님 친구를 그리며 읊은 시가 적지 않다.

2) 한시에 보이는 색깔 - 백(白), 소(素), 청(淸), 옥(玉), 청(靑), 창(蒼), 벽(碧), 비취(翡翠), 한(寒), 랭(冷)과 홍(紅), 녹(綠), 황(黃)

한시에는 색깔을 나타내는 시어로 백(白), 청(淸), 벽(碧), 비취(翡翠), 청(靑), 창(蒼), 한(寒), 랭(冷) 등이 많이 사용된다. 이 중 '백(白)'과 '청(淸)'이란 시어가 더욱 많이 사용되는 것으로 보이는데, 이는 극도로 〈정심(淨心)에의 추구〉를 하는 사상인 참선을 위주로 하는 선불교와 폭포나 동굴에서의 수행을 중시하는 수련도교, 무와 무위자연을 내세우는 도가사상, 내단(內丹)의 단학, 인격도야·정신수양·도덕함양 등을 중시하는 성리학 등등의 영향으로 '맑고 깨끗한 것'을 선호하는 당시 중국인들의

181) 하늘과 땅 또는 삼라만상
182) 關所가 있는 산. 경계를 이루는 산

심성이 반영된 것으로 보인다. 또한 이들 시어가 계절적으로는 가을과 겨울에 읊은 시, 나그네의 객수나 변방에서의 생활을 읊은 시, 혹은 규원시 행역시 궁원시 사우시 등 시인 자신이 객지에 떨어져 있어 님과 친구와 함께 하지 못하는 상황을 읊은 시 속에 많이 등장한다. 시인 자신이 인정하든 인정하지 않든 자신의 처지가 chaos 상태에서 자신의 고독과 슬픔 비애감 등등을 읊조린 시에서 '흼(白)'과 '맑고 깨끗함(淸)'이란 시어가 많이 보이는 것이다. 이 '백(白)'과 '청(淸)'은 '고(孤)', '독(獨)', '한(寒)', '고적(孤寂)', '수(愁)', '애(哀)', '랭(冷)', '한(閑)', '한(恨)' 등등의 시어와 함께 어울려 사용되는 경우도 적지 않다. 또한 탄로시 계열의 시에서도 백발(白髮) 백두(白頭) 등의 용어로 '白'자가 많이 쓰이며, 또한 선시(禪詩)나 한적시 산중우거시 은둔시 등등에도 '白'과 '淸'이란 시어가 많이 보인다. 이 때 사용된 '白'과 '淸'이란 시어에는 속세에 물들지 않은 '맑고 깨끗하며 정결하다'는 의미가 내포되어져 있는 경우가 많다. 중국인들이 극도로 중시한 〈정심에의 추구〉 때문에 한시에 청신(淸新), 고아(高雅), 고고(孤高), 청정(淸淨), 고결(高潔), 관조(觀照), 청음(淸陰) 등 맑고 깨끗하며 가볍고 청신한 정서를 드러낸 작품이 굉장히 많다. 그러나 이와 반대로 한시에는 '黑(검음)'이나 '濁(탁함)'이란 시어가 등장하는 경우는 별로 없다. 위양韋驤의 〈매계梅溪〉란 시를 읽어보자.

맑은 그림자 차가운 물에 드리우고
그윽한 향기 저녁 바람을 다툰다.
알아주는 사람 이미 멀어졌지만
시냇가에서 스스로 무더기로 향기롭다.

清影寵寒水　　청영총한수
幽香逐晚風　　유향축만풍

和羹[183]人已遠　화갱인이원
谿上自芳叢　계상자방총

시냇가에 핀 매화를 칭송한 작품이다. 매화는 "알아주는 사람 이미 멀어졌지만, 시냇가에서 스스로 무더기로 향기롭다."라고 하고 있다. '청영(淸影)', '한수(寒水)', '유향(幽香)', '만풍(晩風)', '계상(谿上)' 같은 시어가 대체로 맑고 서늘하며 그윽하다는 느낌을 주고 있다. 시 작품 전체가 차가운 느낌을 주는 두목의 〈추석秋夕〉을 읽어보자.

은촉의 가을 빛에 차가운 그림 병풍
경라(輕羅)의 작은 부채로 반딧불이를 좇는다.
섬돌가의 밤 빛, 서늘하기가 물과 같은데
앉아서 견우성과 직녀성을 바라본다.

'銀'燭秋光'冷'畫屛[184]　'은'촉추광'랭'화병
輕羅[185]小扇撲流螢　경라소선박유형
天階[186]夜色'凉'如水　천계야색'량'여수
坐看牽牛織女星　좌간견우직녀성

'은(銀)', '랭(冷)', '량(凉)'같은 시어가 전체적으로 차고 서늘한 느낌을 준다. 맑고 깨끗한 느낌을 주는 선시(禪詩) 계열로 상건常建의 〈파산사

183) 殷나라 高宗 때 傅說이라는 사람을 후대인들이 '和羹鹽梅'라고 칭송하였는데, 식초를 쳐서 국 맛을 고르게 잘 맞춘다는 뜻으로 나라의 정치를 잘 보좌하는 재상을 비유한 말.

184) 그림이 그려진 병풍

185) 가벼운 비단

186) 皇宮의 돌계단. 일설에는 露天의 돌계단으로 풀이한다.

후선원破山寺[187]後禪院〉이란 시를 읽어보자.

맑은 새벽 옛 절로 들어가니
갓 떠오른 햇살 높이 자란 숲을 비춘다.
굽은 길은 그윽한 곳으로 통하고
선방 둘레엔 꽃과 나무 우거졌다.
산 빛은 새의 마음을 기쁘게 하고
연못그림자 사람의 마음을 비우게 한다.
온갖 소리 여기서는 다 고요한데
종소리 풍경소리만 은은히 들려온다.

清晨入古寺　　청신입고사
初日照高林　　초일조고림
曲徑通幽處　　곡경통유처
禪房花木深　　선방화목심
山光悅鳥性　　산광열조성
潭影空人心　　담영공인심
萬籟[188]此皆寂　　만뢰차개적
惟餘鐘磬音　　유여종경음

‘청신(清晨)’, ‘고림(高林)’, ‘유처(幽處)’, ‘심(深)’, ‘산광(山光)’, ‘담영(潭影)’, ‘공(空)’, ‘적(寂)’ 등의 시어에서 맑고 깨끗함을 느낄 수 있다. ‘맑고 깨끗한’ 느낌을 주는 시로 왕유王維의 〈죽리관竹籬館[189]〉이란 시를 읽어보자.

187) 興福寺라고도 함. 지금의 강소성 常熟縣 虞山에 있음.

188) 온갖 소리. 籟는 원래 구멍에서 나오는 소리를 뜻하나 일반적으로 그냥 소리의 의미로도 씀.

189) 대숲 속의 별채. 輞川 20景의 하나. 대나무 숲 속에 위치하고 있기 때문에 붙여진 이름이다.

홀로 그윽한 대숲 속에 앉아
거문고 퉁기다가 다시 길게 휘파람 분다.
깊은 숲이라 사람들은 알지 못하는데
밝은 달이 찾아와 비추어준다.

獨坐幽篁裏　독좌유황리
彈琴復長嘯　탄금복장소
深林人不知　심림인부지
明月來相照　명월래상조

맑은 달빛 비치는 대숲 속에서의 한적한 삶을 읊고 있다. 한시에는 이처럼 '맑고 깨끗함'을 느끼게 하는 시가 적지 않다. 송나라 철학자 소옹邵雍(1011-1977)이 지은 〈청야음淸夜吟〉이란 시를 읽어보자.

달은 하늘 가운데 떠있고,
수면엔 소슬바람이 잔물결 일으킨다.
이처럼 청신한 맛,
아는 사람 적을 거라.

月到天心[190]處　월도천심처
風來水面時　풍래수면시
一般[191]淸意味　일반청의미
料得[192]少人知　요득소인지

읊은 내용이 맑고 깨끗하며 청신하다. 한시에는 이런 정서의 시가

190) 하늘 한가운데
191) 모든, 이러한의 뜻
192) 마음 속으로 헤아리는 것.

많다.

또한 한시에는 격정적인 표현보다는 평담한 표현이 눈에 많이 띈다. 매요신梅堯臣의 〈잡시雜詩〉를 읽어보자.

강물을 건너 나는 고추잠자리가
사람을 따라서 팔랑팔랑 날고 있네.
오직 배를 따르는 것이 가볍다는 것만 알았지
배가 멀리 간다는 것을 모르고 있네.

度水紅蜻蜓[193] 도수홍청정
傍人[194]飛款款[195] 방인비관관
但知隨船輕 단지수선경
不知船去遠 부지선거원

고추잠자리가 배를 따라 팔랑팔랑 날고 있는 모습을 평담하게 그리고 있다. 한시에는 이처럼 관조하듯이 평담한 심정으로 그린 작품이 많다. 감정을 주체하지 못해 격정적인 표현을 일필휘지로 그려낸 천재 시인 이백은 그런 면에서 본다면 한시 시인 중 아주 드물고 독특하다 하겠다.

또한 한시에는 붉은 색깔 계열의 '홍(紅)', '적(赤)'이나, 누른 색깔 계열의 '황(黃)'보다는 푸른 색깔 계열인 '벽(碧)', '비취(翡翠)', '청(靑)', '창(蒼)' 등이 훨씬 많이 등장한다. '紅'은 염정시나 기녀시 등에서 여인네의 아름다움이나 화장 등을 묘사할 때나 봄날의 아름다운 경치를 묘

193) 잠자리
194) 사람을 따라
195) 홀로 즐기는 모양, 천천히 움직이는 모양, 팔랑팔랑

사할 때 주로 보이고, 또한 '황(黃)'은 황혼(黃昏) 황천(黃泉)이란 단어에서만 주로 보인다. 이렇게 푸른색 계통의 시어가 많이 사용되는 것은 그것 자체가 맑고 깨끗함을 나타내며, 또한 눈이 부시게 푸르거나 짙푸른 것은 그것 자체가 서글픔과 비애감을 자아내게 하는 것이니, 한시의 기본적인 정서인 비애감과 여성적 애조 등등과 잘 맞아 한시에 '벽(碧)', '비취(翡翠)', '청(靑)', '창(蒼)' 등의 시어가 많이 사용되는 것이 아닌가 한다.

결 론

규방시 규원시에는 멀리 떠난 님이 돌아와(歸) 그 옛날 아름다운 사랑을 이룬 시절로 돌아가고(歸) 싶다는 정서가 깊게 배여 있고, 행역시는 그 반대로 고향의 님에게로 돌아가(歸) 그 님과 만나 아름다운 사랑을 이룬 옛 시절로 돌아가고(歸) 싶은 정서가 짙게 배여 있다 하겠다. 별리시 송별시 증별시 유별시는 떠남(去)의 슬픔을 읊은 시이고, 유자시 객수시는 고향을 떠난(去) 나그네 생활의 외로움 슬픔 등을 읊은 시이다. 또한 사향시 회향시는 고향을 그리며(思) 그 고향으로 돌아가기(歸)를 원하며 읊은 시이다. 변새시는 행역시와 비슷하게 변방지방의 외로움을 읊은 시인데 그 밑에 짙게 깔려있는 정서는 그 변방생활을 청산하고 고향으로 돌아가고(歸) 싶은 것이다. 영사시 영회시 영고시 회고시 등 과거를 회상하며(歸) 읊은 시가 부지기수로 많으며, 또한 탄로시 인생무상시처럼 늙음을 한탄하며 젊은 시절(원형)로 돌아갈(歸) 수 없다는 비애감과 인생무상을 읊은 시도 많다. 한시에서 가장 많은 분량을 차지하는 것이 자연시 산수시 전원시 한적시 산중우거시 은둔시 등 자연을 찬양하며 즐긴 시들로, 농경민족 중국인 그들은 자연으로 돌아가(歸) 그 자연과 〈더불어 하나〉되어 살고자 한 것이다. 탈속시와 현실에 초연한 시는 현실(속세)를 벗어나 인생을 관조하는 道의 상태로 돌아와(歸) 읊은 것이며, 염정시 기녀시 부류는 그들이 속세라고 매도한 현실을 도피하여 잊어버리고 기녀의 품에 안겨 읊은 시이다. 사회시 풍유시 고발시 부류는 서구의 사회시 참여시 저항시와는 달리 미래의 비전 내지는 해결책(去)을 제시하는 내용은 없이 오직 현실의 고난과 민중들의 도탄 등을 사실적으로 슬프게 묘사만 하고 있는데, 이는 24절기를 주기로 끊임없이 순환 회귀적 삶을 살아온 농경민족 중국인들의 〈歸〉적 사고방식이 이런 미래지향인 비전이나 해결책(去)을 제시하는 것을 막은 것이 아닌가 한다. 이렇게 보면 한시의 모든 주제들이 대부분 〈歸〉라는 관점에서 해석되어지고 있다.

근 2,000년 동안 수많은 시인 묵객들이 즐겨온 그 많은 한시들 모두가 철저하게 모두 〈歸〉의 관점에서 해석되어질 수 있는 것은 아니지만, 그러나 많은 경우 〈歸〉의 관점에서 해석되어지고 적어도 한시에 〈去〉의 관점에서 해석되어지는 작품은 별로 없다고 할 수 있다. 서구시에 흔히 보이는 여행시 개척시 행진시 항해시와 미래의 희망을 노래한 작품들은 한시에 별로 보이지 않는다. 또한 동화 동시도 별로 지어지지 않았다. 그리고 청춘남녀의 사랑을 노래하고 젊음을 찬양한 시도 없으며, 순진무구하고 청순발랄함을 읊은 시도 없는 것이다. 이는 근본적으로 24절기를 주기로 수천 년 동안 끊임없이 농경일지적 순환 회귀(歸)적 삶을 살아온 농경민족이었기 때문이라 생각한다. 이런 순환 회귀(歸)적인 농경민족의 삶이 미래지향적 진보적 진취적(去) 사고를 막아 서구시에서 흔히 보이는 이런 성향의 시를 짓지 못하게 만든 것이다.

또한 한시의 소재 면에 있어서도 신화비평에서 회귀적 관념의 표상이라고 일컬어져온 물 - 달 - 자연 - 여(女)가 많이 등장하고 있다. 한시에는 물과 관련된 시어가 굉장히 많이 등장하는데, 이와 반대로 불과 관련된 시어가 한시의 소재로 등장한 예는 별로 없다. 이른바 불꽃의 문학, 정염의 문학이 한시에 등장하지 않는 것은 불 그것이 회귀적 관념의 표상이 아니어서, 24절기를 주기로 순환 회귀적 삶을 살아온 농경민족 중국인들의 기본적인 심성에 맞지 않았기 때문이라 생각한다, 또한 한시에는 회귀적 관념의 표상인 달이 시의 소재로 많이 등장하지만, 해가 시의 소재로 등장 경우는 별로 없다. 또한 밤에 혹은 달밤에 읊은 시도 부지기수이다. 자연의 경물이 시의 소재로 등장하는 경우는 이루 매거할 수 없을 정도인데, 자연시 산수시 전원시 한적시와 같이 자연을 주제로 한 시가 아니라 할지라도, 대부분의 한시에 기 승에서 자연의 경물을 읊고 거기에 감촉되어 전 결에서 자기가 말하고 싶어하는 주제를 읊고 있으니 도대체 한시에 자연의 경물이 소재로 등장하지 않는 시가 얼마나 되나 할 정도이다. 자연을 너무나 사랑하고 그 자연과 〈더불어 하나〉되어 살고자 한 농경민족 중국인들의 심성이 반영된 결과라고 생각한다. 또한 한시는 회귀적 관념의 표상인 여성적 성향이 매우 강하다. 한시의 일반적인 정서라고 하는 비애감 소극성 역시 여성적 성향이고, 또한 한시에는 비(悲), 애(哀), 수(愁), 원(怨), 회(懷), 한(恨), 상(傷), 고(苦), 의(意), 념(念), 정(情), 음(吟), 가련(可憐)같은 여성적 애조 애상이 강하게 나타나고 있다. 사(思), 억(憶), 상(想), 회상(回想)과 등(等), 대(待)와 같은 그리움과 기다림 그리고 아쉬움(惜)과 두려움(恐) 외로움과 적막처량함을 읊은 작품이 한시에 많은데, 이들 정서 역시 남성적인 성향이라기보다는 여성적 성향이 가깝다고 할 수 있다.

또한 한시에는 술이 소재로 많이 등장하는데, 이는 현실(속세)의 근심을 잊어버리고 원형(님 친구 고향 자연 등)으로 돌아가고가(歸) 그들과 혹은 그것과 〈더불어 하나〉되어 살고자 한 농경민족 중국인들이 그 현실의 근심을 잊게 해 주는 매개물로 망우물(忘憂物)인 술을 마시며 시를 지은 것이 아닌가 한다.

특히 한시는 다른 어느 나라 문학 장르도 소유하지 못하고 있는 〈더불어 하나〉되는 특징을 가지고 있었다. 이를 주객일체, 혼연일체,

정경융합(情景融合), 천인합일(天人合一) 등등으로 여러 가지로 표현하고 있는데, 한시가 근 2,000년 동안 끊임없이 중국인들의 사랑을 받아온 것은 이 〈더불어 하나〉의 특징 때문이라고 생각한다, 흙과 〈더불어 하나〉되어 수천 년을 살아온 정통 농경민족 중국인 그들이 그렇게 즐기며 생활하여온 한시에는 이렇게 서구시가 갖지 못한 〈더불어 하나〉의 특징을 가지고 있는 것이다. 이 〈더불어 하나〉의 특징은 서구의 진보주의 문화(去文化)가 가져다준 현대인의 소외감과 인간성 상실을 극복할 수 있는 새로운 희망의 지평을 열어 주리라 확신한다.

과거의 에덴동산은 사라지고 언젠가 미래에 예수님이 이 지상에 재림하여 지상의 악을 쓸어버리고 지상천국을 이룩할 것이라는 미래지향적(去) 서구에서는, 태양을 노래한 시가 있고, 개척시가 있으며 행진곡이 있고, "무지개를 보니 내 마음은 뛰노라.", "북방에서 백마 타고 온 기사 있어 이 광야에 홀로 드날리리라.", "호수같은 그대의 눈동자나 배 저어가오." 같은 시구가 있으며, 젊은 남녀 간의 연애시가 서구시의 주류를 이루는 것과는, 한시는 그 내용과 풍격이 판연히 다른 것이다.

김인호
서울대학교 중문학과 졸
동대학원 중문학과 졸업(문학박사)
현 동의대학교 중문학과 교수

저서
『巫와 중국문화와 경전 저서』
『巫와 중국문학』
『楚辭와 무속』 외 다수

중국 漢詩 감상

초판 발행 _ 2017년 2월 28일

저 자 • 김 인 호
발 행 인 • 정 현 걸
발 행 • 신 아 사
인 쇄 • 토탈프로세스
주 소 • 서울시 은평구 통일로 59길 4(2F)
전 화 • 02)382-6411 · 팩스 02)382-6401
홈페이지 • www.shinasa.co.kr
E-MAIL • shinasa@daum.net
출판등록 • 1956년 1월 5일 (제9-52호)

ISBN 978-89-8396-971-2(93820)

정가 13,000원

프라임 동의 인문교양 총서
이 저서는 교육부의 산업연계교육활성화선도대학(PRIME)사업 사업비를 지원받아 집필한 저서임